Das Grundbuch und die Rollen des gewerblichen Rechtsschutzes

im deutschen und japanischen Recht.

Von

Dr. Kikushiro Nagata,

Rechts- und Patentanwalt in Tokio

mit einem Geleitwort

von

Dr. Martin Wassermann,

Rechtsanwalt und Universitätsprofessor
in Hamburg.

1929

München, Berlin und Leipzig

J. Schweitzer Verlag (Arthur Sellier).

Printed in Germany.

Druck von Dr. F. P. Datterer & Cie., Freising-München

Geleitwort.

Ein junger, japanischer Gelehrter, den Wissensdurst und Bildungshunger an die Quellen deutscher Rechtswissenschaft führten, hat es unternommen, in vergleichender Darstellung die Grundsätze zu behandeln, die in Deutschland und Japan auf dem Gebiete des Grundbuchwesens und der Patent-, Muster- und Markenrolle gelten. Eine solche Arbeit erforderte Beherrschung der heimischen Gesetze und tiefes Eindringen in den Geist des deutschen Rechts. Welche eingehende Kenntnis des letzteren er sich durch eifriges Studium angeeignet hat, lehrt der Inhalt der Schrift; auf Grund derselben hat ihm die Rechts- und Staatswissenschaftliche Fakultät unserer Hamburger Universität nach bestandener mündlicher Prüfung die Würde eines Doktors der Rechte erteilt.

Es bereitet mir besondere Genugtuung, dem vorliegenden Werk die besten Wünsche auf seinen Weg mitgeben zu dürfen; denn es ist zu einem erheblichen Teil die Frucht der Arbeiten, die der Verfasser unter meinen Augen geleistet hat. Es gereicht ihm und seinen Lehrern zur Ehre, und es möge beitragen, die Fäden zwischen deutscher und japanischer Wissenschaft wieder enger zu knüpfen, die seit Jahrzehnten beide Länder miteinander verbanden und hoffentlich sich niemals wieder, auch nur vorübergehend, lockern werden.

Hamburg, September 1929.

Martin Wassermann.

Inhaltsverzeichnis.

Literaturverzeichnis.

A. Deutsche Literatur.

Adler, Das Publizitätsprinzip im österreichischen Rabularrechte, 1899.
— Zivilrechtliche Erörterungen zum Patentregister, 1900.
Allfeld, Kommentar zu dem Gesetz über das gewerbliche Urheberrecht, 1904.
— Gewerblicher Rechtsschutz, Bd. I 1923, II 1924.
— Urheber- und Erfinderrecht, 1923.
André, Rechtliche Bedeutung der Eintragung der Person des Patentinhabers in die Rolle, „Patentblatt" 1879 Nr. 28.
Anschütz, Die Verfassung des Deutschen Reichs, Kommentar, 6. Aufl. 1927.
Bettelheim, Das Recht des Erfinders in Österreich, 1901.
Biermann, Sachenrecht, 3. Aufl. 1914.
Brand-Schnitzler, Die Grundbuchsachen in der gerichtlichen Praxis, 4. Aufl. 1928.
Blatt für Patent-, Muster- und Zeichenwesen, herausg. vom Reichspatentamt.
Bruck, Die Einigung im Sachenrecht des Bürgerlichen Gesetzbuches, 1900.
Busse, Das Gesetz zum Schutz der Warenbezeichnungen, 1925.
Cosack, Lehrbuch des bürgerlichen Rechts, Bd. I 8. Aufl. 1927. Bd. II 7. Aufl. 1924.
Crisolli, Publizitätsprinzip, in „Handwörterbuch der Rechtswissenschaft", Bd. IV.
Crome, Grundzüge des römischen Privatrechts, 2. Aufl. 1922.
— System des deutschen bürgerlichen Rechts, Bd. I 1900, III 1905, IV 1908.
Curti, Englands Zivil- und Handelsrecht, Bd. I 1927.
Dambach, Das Musterschutzgesetz, 1876.
— Das Patentgesetz für das Deutsche Reich, 1877.
Damme u. Lutter, Das deutsche Patentrecht, 3. Aufl. 1925.
Dernburg, Das bürgerliche Recht, Bd. I 1902, III 1898, IV 1910.
— Lehrbuch des pr. Privatrechts, Bd. I 4. Aufl. 1884.
Ebermayer, in Stengleins Kommentar zu den strafrechtlichen Nebengesetzen des Deutschen Reiches, 5. Aufl. 1927.
Ehrenberg, Rechtssicherheit und Verkehrssicherheit, „Iherings Jahrbücher". 2. Folge Bd. XI 1904.
Ehrenzweig, System des österreichischen allgemeinen Privatrechts, Bd. I, 1. 1925, 2. 1923.
Elster, Das deutsche Erfinderrecht, 1924.
— Urheber- und Erfinder-, Warenzeichen- und Wettbewerbsrecht (Gewerblicher Rechtsschutz), 2. Aufl. 1928.
Enneccerus, Lehrbuch des bürgerlichen Rechts, Bd. I 1, 2. 1923.
Exner, Das Publizitätsprinzip, 1870.
Finger, Das Reichsgesetz zum Schutze der Warenbezeichnungen, 3. Aufl. 1926.
Fischer, Grundbuchordnung, 8. Aufl. 1924.
Förtsch, Der Code Civil und das Bürgerliche Gesetzbuch, 2. Aufl., 1899.
Gewerblicher Rechtsschutz und Urheberrecht, herausgeg. von Mintz.

Fuchs, Grundbuchrecht, Bd. I 1902.
J. v. Gierke, in „Zeitschrift für das gesamte Handels- und Konkursrecht", 70. Bd. 1911.
— Bürgerliches Recht, Sachenrecht, (Enzyklopädie der Rechts- und Staatswissenschaft Bd. IX) 1925.
— Handels- und Schiffahrtsrecht, 2. Aufl. 1926.
O. v. Gierke, Deutsches Privatrecht, Bd. I 1895, II 1905.
Gülland & Queck, Die gesetzgeberische Reform der gewerblichen Schutzrechte, 1919.
Güthe, Grundbuchordnung, 4. Aufl. Bd. I 1923, II 1925.
Haff, Institutionen des Deutschen Privatrechts. I. 1927.
Hagens, Warenzeichenrecht, 1927.
Hedemann, Sachenrecht des Bürgerlichen Gesetzbuches, 1924.
— Die Vermutung nach dem Recht des Deutschen Reiches, 1904.
Henle, Lehrbuch des bürgerlichen Rechts, Allgem. Teil, 1926.
Heuer, Der öffentliche Glaube des Grundbuchs (Dissert.), 1910.
Heymann, Hypothekenbuch und Grundbuchwesen, „Handwörterbuch der Rechtswissenschaft", V. Bd. S. 335 ff.
Heine, Die Übertragung des Urheberrechts, insbesondere eines Patentrechte und beschränkter Rechte am Patentgut, und ihr Erwerb vom Scheinberechtigten, (Dissert.), 1913.
Huber, Zum schweizerischen Sachenrecht (Abhandlungen zum schweizerischer Recht, 58. Heft), 1914.
Hübner, Grundzüge des deutschen Privatrechts, 3. Aufl. 1919.
Isay, Patentgesetz, 4. Aufl. 1926.
Jacobi, Die Theorie der Willenserklärungen, 1910.
Jizuka, Japanisches Industrierecht, (Hamburger Dissertation), 1926.
Kent, Das Patentgesetz, Bd. I 1906, II 1907.
— Schutz der Warenbezeichnungen, 1897.
Kisch, Handbuch des deutschen Patentrechts, 1923.
Klostermann, Das Patentgesetz für das Deutsche Reich, 1877.
Kohler, Lehrbuch des bürgerlichen Rechts, Bd. I, 1906, II, 2 1919.
— Deutsches Patentrecht 1878.
— Handbuch des Patentrechts, 1900.
— Lehrbuch des Patentrechts, 1908.
— Warenzeichenrecht, 1910.
— Musterrecht, 1909.
Landgraf, Reichsgesetze betr. den Schutz von Erfindungen und Gebrauchmustern, 2. Aufl. 1892.
— Reichsgesetze zum Schutze der Warenbezeichnungen, 1894.
Markenschutz und Wettbewerb, herausgeg. von Wassermann.
Meyer, Das Publizitätsprinzip im deutschen bürgerlichen Recht, 1909.
— Vom Rechtsschein des Todes, 1219.
Motive zu dem Entwurfe des Bürgerlichen Gesetzbuches (Amtliche Ausgabe), III 1888.
Neuberg, Geschmacks- und Gebrauchsmustergesetz, 1911.
Nußbaum, Lehrbuch des deutschen Hypothekenwesens, 1921.
Oberneck, Das Reichsgrundbuchrecht, 4. Aufl. 1909.
Pape, Das Grundbuch, 2. Aufl. 1928.
Pietzcker, Patentgesetz und Gebrauchsmustergesetz, Teil I 1929.
Pinzger & Heinemann, Das deutsche Warenzeichenrecht, 1926.

Planck, Bürgerliches Gesetzbuch, Teil I 4. Aufl. 1913, III 4. Aufl. 1920.
Poetzsch-Heffter, Handkommentar der Reichsverfassung, 3. Aufl. 1928.
Raape, Das gesetzliche Veräußerungsverbot des Bürgerlichen Gesetzbuches, 1908.
— Besitzerwerb ohne Besitzwillen nach dem Bürgerlichen Gesetzbuch (Dissert.), 1901.
Riezler, Deutsches Urheber- und Erfinderrecht, I. Abt. 1909.
Rosenthal, Wettbewerbsgesetz, 6. Aufl. 1927.
Schanze, Die Register- und Rolleneinschreibungen auf dem Gebiete des Industrierechtes, 1905.
— Erfindung und Erfindungsgegenstand, 1906.
Schlegelberger, Das Gesetz über die Angelegenheiten freiwilliger Gerichtsbarkeit, Bd. I, 1927.
— Freiwillige Gerichtsbarkeit, (Einführungskommentar), 1928.
Schmidt, Die Entwicklung des Geschmacksmusterschutzes in Deutschland, 1896.
Seligsohn, Die Rechtsunsicherheit im Verkehr mit Patenten, „Gewerblicher Rechtsschutz und Urheberrecht", 7. Jahrg. 1902.
— Patentgesetz und Gesetz betr. den Schutz von Gebrauchsmustern, 6. Aufl. 1920.
— Gesetz zum Schutze der Warenbezeichnungen, 3. Aufl. 1925.
Simeon u. David, Recht und Rechtsgang, Bd. II 14. 15. Aufl. 1927.
Sohm, Institutionen, 1926.
— Der Gegenstand, 1905.
— Vermögensrecht, Gegenstand, Verfügung, in „Archiv des bürgerlichen Rechts", Bd. XXVIII, Heft 2, 1906.
Stammler, Das Recht der Schuldverhältnisse, 1897.
Staudinger, Kommentar zum BGB., Bd. I 9. Aufl. 1925, III 9. Aufl. 1926.
Stenglein, Kommentar zu den strafrechtlichen Nebengesetzen des Deutschen Reiches, 3. Aufl., 1901.
Stephan u. Schmidt, Der Schutz der gewerblichen Urheberrechte des In- und Auslandes, 1899.
Strecker, Grundbuch und Grundbuchrecht, „Handwörterbuch der Rechtswissenschaft", Bd. III, 1927 (23. Lieferung).
— Die allgemeinen Vorschriften des Bürgerlichen Gesetzbuches über Rechte an Grundstücken, 1898.
v. Thur, Der allgemeine Teil des deutschen bürgerlichen Rechts, Bd. I, 1910, II, 1914, III, 1918.
— Bürgerliches Recht, Allgemeiner Teil (Enzyklopädie der Rechts- und Staatswissenschaft VII), 1923.
Turnau u. Förster, Das Liegenschaftsrecht, Bd. I, II, 1906.
Vogt, Die japanischen Gesetze über Patente, Gebrauchsmuster, Muster und Warenzeichen, 1927.
— Japanisches Bürgerliches Gesetzbuch, 1927.
— Handelsgesetzbuch für Japan, 1927.
Wassermann, Die Grundzüge des deutschen Patentrechts, 1910.
— Der unlautere Wettbewerb nach deutschem Recht, 2. Aufl., 1911.
— Die Wirkung der Vorbenutzung im Patent- und Markenrecht (M. u. W. V S. 85 ff.).
— Zeichen, die sich im Verkehr durchgesetzt haben (RG. 1929 S. 1 ff.).
Windscheid, Lehrbuch des Pandektenrechts, I, 7. Aufl., 1891.
Wolff, Der Bau auf fremdem Boden, insbesondere der Grenzüberbau, 1900.
— Lehrbuch des bürgerlichen Rechts, Sachenrecht, 5. Aufl., 1923.
— Reichsverfassung und Eigentum, 1923.

Japanische Literatur.

Arima, Unlauterer Wettbewerb, 2. Aufl., 1924.
Fujie, Warenzeichenrecht, 1922.
Hatoyama, Japanisches bürgerliches Recht, Allgem. Teil, 1925.
— Sachenrecht (Vorlesung), Bd. I und II, 1916.
— Das japanische Obligationsrecht, Allgem. Teil, 1914.
Besonderer Teil 1918.
— Erörterung über öffentlichen Glauben für Veränderung des Liegenschaftsrechts im „Hogakukyokaizasshi", Bd. 33 Teil 7, 9, 12, 1915.
Hozumi, Grundriß der Rechtsphilosophie, 14. Aufl., 1922.
Ino, Warenzeichenrecht aller Völker, 1927.
Itagaki, Kommentar zur Grundbuchordnung, 6. Aufl., 1908.
Kawana, Sachenrecht, 3. Aufl., 1917.
Kiyose, Grundriß des Patentgesetzes, 1922.
Miura, Japanische Rechtsgeschichte, Bd. I, 5. Aufl., 1925, II, 1925.
Miyauchi, Patent, in „Handwörterbuch des Handels", S. 1361 ff.
— Warenzeichen, in „Handwörterbuch des Handels", S. 813 ff.
Murayama, Kommentar zu 4 Gesetzen betr. Gewerbl. Rechtsschutz, 5. Aufl., 1926.
Nagai, Industrieeigentum in „Handwörterbuch der Rechtswissenschaft", S. 168 ff.
Nagamitsu, Geschmacksmuster in „Handwörterbuch der Rechtswissenschaft", S. 2637 ff.
Nakajima, Kommentar zum BGB., Bd. I, 8. Aufl., 1917, Bd. II (Sachenrecht), 3. Aufl., 1915.
Osawa, Sammlung der Entscheidungen über Patent, Gebrauchsmuster, Geschmacksmuster und Warenzeichen, 1925.
Sakatani, Meiji-Finanzgeschichte, 1903.
Sammlung der Gesetze und der Bestimmungen, herausgeg. von Naikaku, 1927.
Suehiro, Sachenrecht, Bd. I, 13. Aufl., 1924, II, 7. Aufl. 1926.
Takeda, Lehrbuch des Handelsrechts, Allgem. Teil, 22. Aufl., 1926.
Takegoshi, Japanische Wirtschaftsgeschichte, 1920.
Tanba, Meiji-Hoten (eine Gesetzsammlung), 1894.
Tomii, Sachenrecht, 1915.
Ume, Kommentar zum BGB., II (Sachenrecht), 30. Aufl., 1911.
— Grundbuchwesen im „Hogakukyokaizasshi", Bd. 25, Teil 4 ff.
Yoshihara, Gebrauchsmuster- und Geschmacksmusterrecht, 1928.
— Patentrecht, 1927.
— Warenzeichenrecht, 1927.

Abkürzungen.

Allfeld	= Kommentar zu dem Gesetz über das gewerbliche Urheberrecht.
Bl.	= Blatt für Patent-, Muster- und Zeichenwesen.
Brand	= Brand-Schnitzler, Die Grundbuchsachen in der gerichtlichen Praxis.
Crome	= System des deutschen bürgerlichen Rechts.
Dambach, Muster	= Das Musterschutzgesetz.
„ Patent	= Das Patentgesetz für das Deutsche Reich.
Damme	= Damme und Lutter, Das deutsche Patentrecht.
Dernburg	= Das bürgerliche Recht.
Elster	= Urheber- u. Erfinder-, Warenzeichen- u. Wettbewerbsrecht (Gewerblicher Rechtsschutz).
GR.	= Gewerblicher Rechtsschutz und Urheberrecht.
Gierke	= O. v. Gierke, Deutsches Privatrecht.
J. Gierke, Sachenrecht	= Bürgerliches Recht, Sachenrecht (Enzyklopädie der Rechts- und Staatswissenschaft Bd. IX).
Hatoyama, Hogaku	= Erörterung über öffentlichen Glauben für Veränderung des Liegenschaftsrechts im „Hogakukyokaizasshi".
Hedemann, Sachenrecht	= Sachenrecht des Bürgerlichen Gesetzbuches.
Kent, Patent	= Das Patentgesetz.
„ Zeichen	= Schutz der Warenbezeichnungen.
Kohler, Sachenrecht	= Lehrbuch des bürgerlichen Rechts II, 2.
„ Patentrecht	= Deutsches Patentrecht.
„ Handbuch	= Handbuch des Patentrechts.
„ Lehrbuch	= Lehrbuch des Patentrechts.
„ Zeichen	= Warenzeichenrecht.
Landgraf, Patent	= Reichsgesetze betr. den Schutz von Erfindungen und Gebrauchsmustern.
„ Zeichen	= Reichsgesetze zum Schutze der Warenbezeichnungen.
M. u. W.	= Markenschutz und Wettbewerb.
Matteis	= Cosack, Lehrbuch des bürgerlichen Rechts, Bd. II.
Pinzger	= Pinzger und Heinemann, Das deutsche Warenzeichenrecht.
Poetzsch	= Poetzsch-Heffter, Handkommentar der Reichsverfassung.
Reform	= Gülland u. Queck, Gesetzgeberische Reform der gewerblichen Schutzrechte, 1919.

Schlegelberger . . . . = Das Gesetz über die Angelegenheiten freiwilliger Gerichtsbarkeit.
Seligsohn, Patent . . . = Patentgesetz und Gesetz betr. den Schutz von Gebrauchsmustern.
„ Zeichen . . . = Gesetz zum Schutze der Warenbezeichnungen.
Strecker . . . . = Die allgemeinen Vorschriften des Bürgerlichen Gesetzbuches über Rechte an Grundstücken.
Turnau . . . . = Turnau und Förster, Das Liegenschaftsrecht.
Ume, Hogaku . . . . . . = Grundbuchwesen im „Hogakukyokaizasshi“.
Wassermann, Patent . . = Die Grundzüge des deutschen Patentrechts.
„ Wettbewerb = Der unlautere Wettbewerb nach deutschem Recht.
Wolff . . . . = Lehrbuch des Bürgerlichen Rechts, Sachenrecht.
Yoshihara, Muster . . . = Gebrauchsmuster- und Geschmacksmusterrecht.
„ Patent . . . = Patentrecht.
„ Zeichen . . . = Warenzeichenrecht.

Vorwort.

Die folgende Abhandlung unternimmt es, das Grundbuch, die Patentrolle, die Gebrauchsmusterrolle, das Geschmacksmusterregister sowie die Warenzeichenrolle zu betrachten, sie in Beziehung zueinander zu setzen und schließlich ihre Regelung im deutschen Recht mit derjenigen zu vergleichen, die die entsprechenden öffentlichen Bücher im japanischen Recht gefunden haben.

Die heutige Rechtswissenschaft erkennt überall die große Bedeutung an, die die Erforschung internationaler Zusammenhänge sowohl für die Erkenntnis des heimischen Rechts wie für seine Fortbildung darstellt. Gerade das Gebiet des gewerblichen Rechtsschutzes, das von Anfang an die Tendenz zu übernationaler Geltung in sich trug, ist für internationale Rechtsvergleichung angetan. Die vorliegende Arbeit vergleicht die öffentlichen Bücher auf dem Gebiete des gewerblichen Rechtsschutzes, und zwar der beiden Staaten Deutschlands und Japans miteinander. Wenn hierbei das Grundbuch in den Kreis der Betrachtung mit hineingezogen worden ist, so geschah es, weil an der klaren gesetzlichen Regelung, die das Grundbuch dank einer langen historischen Entwicklung gefunden hat, die Bedeutung der noch verhältnismäßig jungen öffentlichen Rollen des gewerblichen Rechtsschutzes in unzähligen Einzelrechtsfragen vielfach erst klar wird, vor allem auch, weil die Regelung der Rollen im japanischen Recht sich außerordentlich eng an das Grundbuch anschließt. Ferner klärt die Betrachtung des Grundbuchs insbesondere auch die Fragen, die sich an das Publizitätsprinzip knüpfen, und gerade das Publizitätsprinzip ist in der Darstellung der Rollen immer wieder als der leitende Gedanke erkannt.

Was den Aufbau der Arbeit betrifft, so zerfällt sie, abgesehen von dem ersten einleitenden und dem letzten Schlußkapitel in zwei große Abschnitte: erstens die Verfassung des Grundbuches und der Rollen, in dem Zuständigkeit, Einrichtung, ferner die Frage nach dem, was eingetragen wird, und schließlich die Eintragung selbst behandelt werden; zweitens die Wirkungen des Grundbuches und der Rollen in formeller und materieller Hinsicht.

Erster Teil:

Allgemeines.

Kapitel 1.

Charakter des Grundbuchs und der Rollen.

Die ersten Fragen, von denen wir ausgehen, sind die nach dem Zweck und der inneren Begründung des Grundbuchs und der Rollen.

I. Das Grundbuch[1]) ist das öffentliche Buch, das das Grundstück und die Rechtsverhältnisse am Grundstück durch die Eintragung ersichtlich machen soll. Die Rollen[2]) sind öffentliche Bücher, die Immaterialgüter und die Rechtsverhältnisse an diesen durch die Eintragung ersichtlich machen sollen. Beide Bücher dienen also gleichermaßen[3]) dem Zweck, die Rechtsverhältnisse offenkundig zu machen, und damit der Verkehrssicherheit.

Der Zweck der Offenkundigkeit[4]) wird erreicht durch die Eintragung aller das Grundstück und die Immaterialgüter betreffenden Rechtsverhältnisse und die Öffentlichkeit der Bücher für solche, die Einsicht nehmen wollen. Man nennt dies das Publizitätsprinzip[5]). Der weitere Zweck geht dahin, der Verkehrssicherheit zu dienen[6]), und zwar der Verkehrssicherheit im weitesten Sinne, worunter man mehrererlei versteht: die Rechtssicherheit des eingetragenen Berechtigten, die Verkehrssicherheit dessen, der auf Grund des Buchs erwirbt, die Kredit-

---

[1]) Das Wort „Grundbuch“ hat zwei Bedeutungen, einerseits bezeichnet es die Sammlung der für die einzelnen Grundstücke eines Bezirks eingerichteten Blätter, andererseits das einzelne für ein Grundstück bestimmte Blatt.

[2]) Unter Rollen wird in dieser Arbeit verstanden: Patentrolle, Gebrauchsmusterrolle (Musterrolle), Geschmacksmusterregister (Musterregister) und Warenzeichenrolle (Zeichenrolle).

[3]) Meyer, Das Publizitätsprinzip S. 3, Wassermann, Patent S. 93, Kohler, Patentrecht S. 184, Bettelheim, Das Recht des Erfinders S. 184.

[4]) Vgl. hierzu Planck III S. 106 V. 1, Kent, Patent II S. 34 Nr. 4, Zeichen S. 64 Nr. 85.

[5]) Ebenso Crome III S. 84, Kohler a. a. O., Wassermann in M. u. W. V S. 88, Meyer S. 7ff., Adler, Publizitätsprinzip S. 3, Kisch, Patent S. 14, und die meisten Verfasser. Dagegen gebrauchen Regelsberger, Bayr. Hypothekenrecht I S. 136, Crisolli, Handbuch d. R. IV S. 619, Turnau I S. 7 u. a. das Wort Publizitätsprinzip im Sinne des öffentlichen Glaubens des Grundbuchs.

[6]) Huber S. 125, Heymann S. 335, J. Gierke, Sachenrecht S. 22.

sicherheit und endlich die Vereinfachung des Rechtsverkehrs. Im einzelnen bedeutet dies folgendes: Rechtssicherheit ist im Anschluß an Ehrenberg[7]) als der Schutz jedes Berechtigten vor Verletzung oder anderer Beeinträchtigung zu bestimmen, die gegen seinen Willen von Dritten an seinem Recht vorgenommen werden. Im Unterschied hiervon ist Verkehrssicherheit der Schutz eines Erwerbers davor, daß der Rechtsübergang auf ihn nicht durch Umstände vereitelt wird, die ihm unbekannt sind. Die Rechtssicherheit dient sonach dem Interesse des jetzigen Berechtigten, die Verkehrssicherheit dem, der das Recht erwerben möchte. Die erstere schützt die Erhaltung des jetzigen Rechtszustandes in der Person des Rechtsinhabers, die letztere schützt den Wandel des Rechtszustandes in der Person des Erwerbers. Beide Begriffe sind danach gegensätzliche Begriffe, die Anerkennung des einen hat Nachteile für den anderen im Gefolge. Die Kreditsicherheit[8]), der weiterhin die öffentlichen Bücher dienen, ist die Erhaltung oder Vermehrung des Kredits, den das Grundstück oder das Immaterialgut genießt. Die Vereinfachung des Rechtsverkehrs liegt in der durch das öffentliche Buch gegebenen Möglichkeit der beschleunigten Erledigung aller Vorgänge vermittels des Buches[9]). Alle diese vier die Verkehrssicherheit im weitesten Sinne ausmachenden Faktoren stehen wiederum untereinander in engster Wechselbeziehung. Ihnen allen dient das Vorhandensein der öffentlichen Bücher im weitesten Maße.

II. Damit ist der Zweck des Grundbuchs und der Rollen bezeichnet. Seine innere Begründung findet das Vorhandensein dieser öffentlichen Bücher in folgendem:

Zunächst liegt der Grund in der Natur der einzutragenden Rechte, die sämtlich absolute und übertragbar sind.

Die Absolutheit der Rechte wird mehrfach als der tragende Grund angegeben[10]). Die absoluten Rechte[11]) wirken gegen jeden Dritten; einerseits gewähren sie uneingeschränkte Herrschaft über den Gegenstand (positive Funktion), andererseits das Recht, Dritte von jeder Ein-

---

[7]) S. 279 ff.

[8]) Vgl. Enneccerus I S. 291, Heymann S. 343, Motiv des BGB. III S. 10, Nakajima II S. 42.

[9]) Suehiro I S. 113.

[10]) Crome III S. 83, Wolff S. 14 f., Osterrieth S. 109, Nakajima II S. 42, Hatoyama, Hogaku Band 33 Nr. 9 S. 54.

[11]) Auch Ausschließungsrechte (Stammler, Schuldverh. S. 9) oder ausschließliche Rechte (RGRäte Komm. I S. 1, II S. 560; RG. 95, 284) genannt. Daß ein Unterschied zwischen absoluten und relativen Rechten nicht bestände, sondern allen Rechten ausnahmslos Absolutheit innewohne, ist neuerdings in Japan von Suehiro (Sachenrecht S. 19) vertreten worden, aber nicht allgemeine Meinung. — Die Industrierechte sind als absolute heute so einhellig anerkannt wie die Sachenrechte.

wirkung auszuschließen (negative Funktion). Von seiten der Dritten gesehen, bedeutet die Absolutheit Verbot der Störung. Bei Eingriffen genießt der Berechtigte den Rechtsschutz der negatorischen Behelfe und des Schadenersatzes[12]). Müssen dritte Personen sonach das Recht respektieren, so muß ihnen aber auch die Möglichkeit eröffnet werden, das Recht kennen zu lernen und sich über seinen Bestand zu unterrichten[13]). Diese Möglichkeit gewähren die öffentlichen Bücher.

Die Absolutheit kann aber nicht die alleinige Rechtfertigung abgeben, es muß die Übertragbarkeit der Rechte hinzukommen. Die Übertragbarkeit erst verleiht den Rechten Verkehrsfähigkeit. Für absolute Rechte, denen die Übertragbarkeit fehlt, hätten auch öffentliche Bücher keine wesentliche Bedeutung; man denke z. B. an die absoluten Rechte familienrechtlichen Inhalts. Die Sachen- und Industrierechte aber sind grundsätzlich übertragbar. Diese Eigenschaft weist auf die Zugehörigkeit der hier in Rede stehenden Rechte in das Gebiet der Vermögensrechte hin. Doch ist es nicht sowohl die vermögensrechtliche Natur, als speziell die Übertragbarkeit der Rechte, nicht der wirtschaftliche Wert, den sie verkörpern, sondern dessen Verkehrsfähigkeit durch Übertragung[14]), der den öffentlichen Büchern des Sachen- und Industrierechts eine tiefere Begründung gibt als die bloße Absolutheit der Rechte. Ist sonach die Übertragbarkeit, nicht die Vermögensrechtfähigkeit, das ausschlaggebende, so gilt das Gesagte auch für das Warenzeichenrecht, das von einigen (übrigens mit Unrecht) nicht zu den Vermögens-, sondern zu den Personenrechten gezählt wird[15]), das aber zweifellos nach dem Gesetz übertragbar ist.

Eine weitere Rechtfertigung der öffentlichen Bücher liegt in dem Charakter des einzutragenden Gegenstandes.

Die Gegenstände der Eintragung in die öffentlichen Bücher, also die Grundstücke und die Immaterialgüter, dienen dem Leben der Gemeinschaft, dem Volksganzen; sie sind dem Einzelnen nicht nur in seinem Interesse, sondern zugleich im Interesse der Allgemeinheit gegeben[16]). Diese muß die Möglichkeit haben, den Gegenstand, der auch zu ihren Gunsten da ist, kennenzulernen.

---

[12]) §§ 1004, 985, 823 I D. BGB.; § 709 J. BGB. J. BGB. hat eine den §§ 1004 und 985 entsprechende Bestimmung nicht, aber man leitet dieselben Ansprüche aus der Natur des Eigentums ab. Vgl. Nakajima II S. 283 ff., Hatoyama, Sachenrecht I S. 257 ff., Suehiro I S. 52. Dies gilt für alle absoluten Rechte. Vgl. Tuhr I S. 205, Kisch S. 140, Reform S. 9 ff.

[13]) Vgl. Crome III S. 83, Hedemann, Einführung der Rechtswissenschaft S. 240.

[14]) Es gibt auch unübertragbare Vermögensrechte, vgl. v. Tuhr I S. 314.

[15]) Siehe unten S. 46 f.

[16]) Vgl. Mitteis S. 60, Lutter, Patentgesetz zu § 19 Anm. 1.

Das Eigentum am Grundstück verpflichtet nach Art. 155 III der Reichsverfassung zur Bearbeitung und Ausnutzung des Bodens gegenüber der Allgemeinheit. Aus öffentlichen Gründen kann eine Enteignung erfolgen (Art. 153 RV.). Die sozialen Beschränkungen des Eigentums haben in Art. 153 Abs. III der Reichsverfassung ihren Niederschlag gefunden: „Eigentum verpflichtet. Sein Gebrauch soll zugleich Dienst sein für das gemeine Beste." Die Allgemeinheit hat in diesem Sinne in gewisser Weise an jedem Eigentum teil[17]). — Dem japanischen Recht sind gesetzliche Bestimmungen so allgemeinen Inhalts unbekannt, doch entsprechen sie dem Grundsystem des japanischen Rechts und sind ihm dem Gedanken nach nicht fremd[18]).

Nach der wirtschaftlichen Seite hat jedes Mitglied der Volksgemeinschaft Teil am Grundbesitz. Wenn in der Wirtschaftslehre von Bodenherrschaft gesprochen wird, so ist damit niemals nur die Herrschaft durch den Eigentümer gemeint. Nehmen doch an jeder Bodenausnutzung zahlreiche andere Personen in irgendeiner Gestalt teil.

Die Gedanken der Beschränkungen des Eigentums zugunsten der Allgemeinheit treffen auch auf das „geistige Eigentum", auf die Immaterialgüter zu, sowohl nach der rechtlichen wie nach der wirtschaftlichen Seite[19]). So ist mehrfach ausgesprochen, daß das Recht des Berechtigten aufhören muß, wo die Rechtsausübung zum Schaden der Allgemeinheit ausschlägt[20]).

Der Charakter des einzutragenden Gegenstandes kann außerdem noch insofern zur Begründung der öffentlichen Bücher herangezogen werden, als beim Rechtserwerb diese Gegenstände für eine Übergabe nicht geeignet sind, so z. B. für die Übertragung des Eigentums auf Grundstücke, bei der die Übergabe kein in die Augen springender Akt ist, sondern häufig in tatsächlich erkennbarer Weise überhaupt nicht vollzogen wird, ferner für Reallasten und die Grundpfandrechte, die dem Berechtigten eine tatsächliche Herrschaft nicht gewähren, oder für die Servituten, für deren Begründung eine Übergabe im strengsten Sinne nicht möglich ist[21]).

Diese Überlegung trifft nicht bloß auf das Grundstück, sondern auch auf die Immaterialgüter zu, und zwar in erhöhtem Maße insofern, als hier der Gegenstand selbst nicht in die Erscheinung tritt[22]).

---

17) Wolff, Reichsverfassung und Eigentum S. 10ff., Haff 3, 106ff.

18) Suehiro, Sachenrecht I S. 312ff., 326f.

19) Anschütz Anm. 2, Poetzsch Anm. 2, Wolff a. a. O. 23, Bettelheim S. 101f., Adler, Erörterungen zum Patentregister S. 182.

20) Z. B. Elster S. 15f.; in GR. 1921 S. 41ff., RGZ. 120, 97.

21) Vgl. zu all diesem Planck III Vorbem. zum 3. Buch III 2b.

22) Bettelheim S. 184.

Auch nach dieser Richtung hin finden die öffentlichen Bücher ihre Rechtfertigung.

Schließlich entspricht die Einrichtung der öffentlichen Bücher auch der überragenden wirtschaftlichen Bedeutung, die der Grundbesitz und das Industrierecht im Leben einnehmen. Welch eine Rolle der Grundbesitz z. B. im Kreditverkehr spielt, bedarf hier keiner Hervorhebung. Ebensowenig, welch einen Faktor Schöpfungen des Erfinders oder andere Immaterialgüter für die Fortentwicklung der Technik und möglicherweise die Umgestaltung des gesamten Wirtschaftslebens bilden können.

Kapitel 2.

Geschichte des Grundbuchs und der Rollen.

I. Grundbuch.

Die Wurzeln des Grundbuches liegen im ältesten deutschen Recht[1]). Die Übertragung der Grundstücke geschah von Anfang an verschieden von der Übertragung der Mobilien. Man legte dem Grund und Boden in Anbetracht der mit ihm verbundenen politischen Rechte erhöhte Bedeutung bei[2]), die Grundstücksübereignung ging feierlicher und förmlicher vor sich, als die Übertragung beweglicher Sachen. Sie erfolgte durch Sala und Investitura, Einigung und tatsächliche körperliche und förmliche Übergabe (Gewere)[3]). Die Gewere entwickelte sich von der körperlichen zur symbolischen Besitzübertragung, wodurch eine Eigentumsübertragung außerhalb des Grundstücks ermöglicht wurde. Die weitere Entwicklung führte zur Verlegung der Eigentumsübertragungsakte vor Gericht. Dadurch wurde die durch die symbolische Gewere gelockerte Offenkundigkeit wiederhergestellt und zugleich erhöht. Der gerichtliche Besitzeinräumungsvertrag (die Auflassung), zu dem die körperliche Besitzeinräumung (Gewereübertragung) geworden war, wurde alsbald in aller Regel die alleinige Auflassungsform. Sie verschaffte dem Erwerber erhöhte Beweiskraft. In den letzten Jahrhunderten des Mittelalters gelangten die vor Gericht geschlossenen dinglichen Verträge zur Eintragung in die öffentlichen Stadtbücher, wodurch an die Stelle der ursprünglich mit der Gewere verbundenen realen Besitzübergabe die Eintragung als Mittel der Kundbarmachung trat. Der nächste Schritt der Entwicklung war, daß der

[1]) Zwar gab es schon im alten ägyptischen und griechischen Recht grundbuchähnliche Aufzeichnungen. Sie haben aber nicht zur Entwicklung des neuzeitlichen Grundbuchs beigetragen (vgl. Endemann, Lehrbuch des bürgerlichen Rechts, 8. und 9. Aufl., S. 259; Crome, Grundzüge des römischen Privatrechts, 2. Aufl., S. 67).

[2]) Vgl. Heymann a. a. O. S. 335.

[3]) Gierke II S. 268ff., Hübner S. 211.

Bucheintrag selbst zum wesentlichen und abschließenden Bestandteil des Übertragungsaktes erhoben wurde. In der Gestalt der buchmäßigen Eintragung lebt der Gedanke der Gewere, der Verkörperung der dinglichen Rechte in einer sichtbaren und darum nach allen Seiten hin wirksamen Form heute noch weiter. „Das moderne deutsche Grundbuchrecht ist die Fortbildung und Vollendung der in der mittelalterlichen Gewere an Liegenschaften zum erstenmal verwirklichten Grundsätze.“ (Hübner S. 163).

Das japanische Recht hat ähnlich dem deutschen frühzeitig die große politische und wirtschaftliche Bedeutung des Grund und Bodens erkannt[3a]). Ein japanisches Sprichwort nennt die Landwirtschaft das Fundament des Staates. Mobilien und Immobilien gingen in ihrer sachenrechtlichen Behandlung[4]) seit frühester Zeit getrennte Wege. Schon zur Zeit des Taiho etwa um das Jahr 700 p. Chr. existierte ein sogenanntes Aufzeichnungsbuch für Ackergrundstücke, in dem Form, Größe und Rechtsverhältnisse zur Eintragung gelangten. Die Übertragung von Grundeigentum bedurfte der Anmeldung bei der Behörde, die das Aufzeichnungsbuch führte, zum Zwecke der Genehmigung der Übertragung[5]). Die Führung des Buches und die Anmeldung lag in erster Linie im öffentlichen Interesse der Verwaltung, nicht im privatrechtlichen, anders als die deutschen Stadt- und Schreinsbücher, die Wurzel der deutschen Grundbücher, die vornehmlich dem rechtsgeschäftlichen Verkehr dienten. Diese Rechtseinrichtungen kann man nach einem Worte Itagakis[6]) „das Embryo des japanischen Grundbuchs“ nennen. Sie haben sich im großen und ganzen in ähnlicher Gestalt bis zum Ende der Regierung des Hauses Tokugawa (Anfang des 17. bis Mitte des 19. Jahrhunderts) erhalten[7]).

Die Regierung Meijis, die dem Lande fast auf allen Gebieten neue Gesetze nach europäischem Muster brachte und hierbei die heimische

---

3a) Vgl. Miura I S. 255, II S. 297, 589, 1010, 1271.

4) Einige nehmen an, daß das Privateigentum an Grundstücken erst seit Meiji, der nach Antritt seiner Regierung das Programm freien Grundstücksverkehrs verkündete, also etwa seit der Mitte des 19. Jahrhunderts, anerkannt sei, jedoch mit Unrecht. Bereits seit Taika (etwa Mitte des 7. Jahrhunderts) ist das Privateigentum am Grundbesitz anerkannt, wenn auch zeitweise im öffentlichen Interesse Übertragungs- und Verfügungsverbote oder -beschränkungen bestanden, die besonders durch den Shogun Tokugawa aufgerichtet waren. Was Meiji neu schuf, war nur die Beseitigung der bestehenden Schranken des Grundstücksverkehrs, nicht die Anerkennung des Privateigentums selbst. Vgl. Ume, Hogaku Band 27 Teil 4 S. 21.

5) Vgl. Ume, Hogaku Band 27, Teil 4 S. 34, Itagaki, Grundbuchordnung S. 2, Miura II S. 610ff.

6) a. a. O.

7) Vgl. Miura II S. 927, 1124, Itagaki a. a. O.

Entwicklung jäh unterbrach, führte auch eine Änderung in den Anfängen des japanischen Grundbuchs herbei. Den entscheidenden Einschnitt vollzog das Gesetz von 1872 (also aus demselben Jahre wie die preuß. Grundbuchordnung), das nach englischen Vorbildern den Grundbrief einführte. Dieser diente der Publizität der Rechtsänderung[8]). Er erwies sich jedoch als den immer komplizierter werdenden wirtschaftlichen und rechtlichen Verhältnissen nicht gewachsen. Die Reformbestrebungen führten zu dem Gesetz von 1886, in Kraft seit dem 1. Februar 1887, das den Grundbrief beseitigte und zum ersten Male eine „Eintragungsordnung" enthält, die man als Grundlage eines wirklichen Grundbuchsystems ansprechen kann. Hierbei hat man alte Gewohnheiten der eigenen Entwicklung berücksichtigt, sich im allgemeinen aber an deutsches (insbesondere preußisches) und französisches Recht angeschlossen.

Eine einheitliche Entwicklung ist es indessen nicht, die von den Aufzeichnungsbüchern im Anfang des japanischen Rechts zu der Eintragungsordnung von 1886 führte. Die Gesetzgebung Meijis hat im Grunde das alte japanische Recht nicht fortentwickelt. Wenn auch alten Gewohnheiten, wie erwähnt, Rechnung getragen ist, so ist der Kern der Eintragungsordnung doch rezipiertes fremdes Recht. Da das französische Recht seinerseits bei seinem Grundbuchsystem wie das deutsche Recht von dem Gedanken der Investitura ausging[9]), kann man sagen, daß das japanische Grundbuchrecht, das neben dem deutschen französisches Grundbuchrecht übernahm, von der Vorstellung der Gewere und dem in ihr zum Ausdruck gelangenden Publizitätsgedanken beherrscht wird.

Die Eintragungsordnung von 1886 bezieht sich nicht nur auf Grundstücke, sondern auch auf Gebäude und Schiffe gleichermaßen. Zur Übereignung und Verpfändung soll die Eintragung im Buch treten, andernfalls Dritten gegenüber der vorgenommene Rechtsakt nicht wirksam ist. Das Buch wird beim Amtsgericht geführt.

Zur Änderung dieses Rechtszustandes gab das 1898 in Kraft getretene Bürgerliche Gesetzbuch Veranlassung, dessen Regelung unabhängig von der Eintragungsordnung erfolgt war und zum Teil mit ihr kollidierte[10]). So erklärte das J. BGB. z. B. zu eintragungsfähigen Rechten die superficies, emphyteusis, die Grunddienstbarkeiten und die Miete, die sämtlich in der Eintragungsordnung nicht vorgesehen waren. Die Wirkung der Eintragung bestimmte das BGB. dahin, daß ohne Ein-

---

[8]) Itagaki S. 2, Suehiro, Sachenrecht I S. 135, Meiji, Finanzgeschichte Band V S. 556 ff.

[9]) Gierke I S. 77, II S. 186, Zachariä I S. 17 ff., 576.

[10]) Vgl. Itagaki S. 3.

tragung die Rechtsänderung Dritten nicht entgegengesetzt werden könnte, während die Eintragungsordnung die Rechtsänderung ohne Eintragung Dritten gegenüber für unwirksam erklärte. Diese Mißhelligkeiten zu beseitigen, erging die Eintragungsordnung für Liegenschaften vom 24. Februar 1899[11]), die sich auf Grundstücke und Gebäude bezieht, und eine besondere Verordnung über die Eintragungsbestimmungen für Schiffe vom 15. Juni 1899. Beide gelten noch heute. Die Eintragungsordnung für Liegenschaften lehnt sich in noch weiterem Maße als ihre Vorgängerin, die Eintragungsordnung, an deutsches Recht an, während das materielle Grundbuchrecht des Bürgerlichen Gesetzbuchs mehr dem französischen Recht folgt.

II. Rollen.

Die Entwicklung des Industrierechts fällt in die Neuzeit, und mithin ist auch die Geschichte der Rollen noch jung.

Das Vorbild der deutschen Patentrolle ist ein Register, das in Bayern durch das Patentgesetz vom 10. Februar 1842 geschaffen und bei dem Ministerium des Innern geführt wurde[12]). Es enthielt Stand, Name und Wohnort des Inhabers, Tag und Stunde der Anmeldung, Gegenstand des Privilegs, die erfolgten Besitzveränderungen und das Erlöschen des Privilegs. Dieses Gesetz wiederum geht auf österreichisches und französisches Recht zurück[13]). Da das österreichische Recht wieder auf dem französischen beruht[14]) und dieses nach englischem Muster, dem Statute of monopolies Jacobs I aus dem Jahre 1923[15]) gemacht ist, beruht die Patentrolle geschichtlich letzten Endes auf englischem Recht[16]).

Die Musterrolle beruht auf dem Gebrauchsmustergesetz von 1891. Dieses Gesetz ist eine Eigenart Deutschlands. Die Musterrolle ist deutschen Stammes. Fremde Elemente spielten bei ihrer Schaffung höchstens mittelbar hinein, insofern die Musterrolle in Anlehnung an die Patentrolle geschaffen wurde, die ihrerseits nichtdeutschen Ursprungs ist.

Das Musterregister ist geschaffen durch das Geschmacksmustergesetz von 1876, das die französische Gesetzgebung zum Vor-

---

[11]) Im folgenden kurz jap. Grundbuchordnung genannt.

[12]) Damme S. 42.

[13]) Damme S. 40/41.

[14]) Damme S. 37.

[15]) Die Geschichte des englischen Patentrechts bis zu dem Gesetze von 1623 schildert Damme, Gesch. d. mod. Patentwesens in England, Schmollers Jahrb. 31, 57 ff.; den Text des Gesetzes vgl. bei Kohler und Mintz, Die Patentgesetze aller Völker I 1 S. 8 ff.

[16]) Ebenso Kohler, Lehrbuch S. 176.

bild hat[17]). Die erste allgemeine Kodifikation in Frankreich ist die Verordnung vom 14. Juli 1787[18]). Hier wurde über die Vorlegung der zur Verleihung des Schutzes eingereichten Stoffe und Muster ein Protokoll durch die Behörde aufgenommen, worauf der Name und Wohnsitz des betreffenden Fabrikanten, sowie das Datum mit laufender Nummer in ein Register eingetragen wurden.

Die Zeichenrolle ist deutschen Ursprungs. Sie geht zurück auf das mittelalterliche Zunftrecht. Die Zunftregeln bestimmten die Voraussetzungen zur Führung eines Zeichens, die Wirkungen und das Nähere über die Eintragung. Zeichenregister sind anerkannt in Frankfurt 1556, Danzig 1470. Die älteste uns erhaltene Verordnung ist das Metzemacher Privilegium von 1571 aus Solingen. Vor der Eintragung im Register mußte jedes neue Zeichen offengelegt werden, und wurde mit den bereits eingetragenen Zeichen verglichen. Die uns überlieferten Zeichenrollen gehen bis auf das Jahr 1584 zurück[19]).

Mit der zunehmenden Entartung des Zunftrechts und der örtlich immer verschiedener werdenden Ausgestaltung im einzelnen verloren die Zeichen ihre beherrschende Bedeutung. Die Regelung, die sie gefunden hatten, mußte schließlich einem neuen Zustand weichen, der im 18. und 19. Jahrhundert an die Stelle der Trümmer des Zunftrechts trat Nur ausnahmsweise ist eine fortlaufende Entwicklung von den Zeichenregistern des Zunftrechts zu der modernen Zeichengesetzgebung zu erkennen. Kohler[20]) hat dies z. B. für die Eisen- und Stahlmarken Westfalens und der Rheinprovinz im einzelnen nachgewiesen. Den Mittelpunkt des rheinischen Zeichenrechts bildete die gesetzliche Regelung des Registers in dem Schwertschmiedprivilegium und der kurfürstlichen Verordnung für Sensenschmiede von 1765.

Auf diese geschichtlichen Vorläufer geht die heutige Zeichenrolle zurück. 1874 ist das erste Reichsgesetz über das Warenzeichen ergangen. Das Zeichenregister wurde damals bei den Amtsgerichten geführt, bis es 1894 als Zeichenrolle dem Patentamt zugeteilt wurde.

Japan blickt im Gebiete des Rollenwesens auf eine viel kürzere Vergangenheit als Deutschland zurück[21]).

Der Anfang der Geschichte der Patentrolle ist das „Inhaberbuch“ der Verordnung über Patente von 1885[22]). Vorher gab es in

---

[17]) Osterrieth S. 216.

[18]) Vgl. Kohler, Mutterrecht S. 11, Osterrieth S. 206.

[19]) Näheres bei Kohler, Warenzeichenrecht S. 25; Osterrieth S. 265 ff.

[20]) Warenzeichenrecht S. 39 ff.

[21]) Vgl. über Geschichte d. Industrierechte Jizuka S. 5 ff.

[22]) Der Vorläufer derselben, die Bekanntmachung über Erteilung von Monopolen von 1871, kannte solche Einrichtung nicht.

Japan nur eine Geschichte der Privilegien. Privilegien wurden seit der Mitte des 14. Jahrhunderts an die verschiedensten Gewerbe verliehen [23]. Mit einem Gesetz von 1888 und seiner Ausführungsverordnung hat man das Inhaberbuch zur Patentrolle reformiert, und zwar im Sinne des Zweibuchsystems [24], das ein Buch zur Eintragung der erteilten Patente, und ein besonderes zweites Buch zur Eintragung der Übertragung, Verpfändung usw. kennt. Ohne Eintragung entfällt die Wirksamkeit Dritten gegenüber. Dieser Rechtszustand wurde geändert durch das Gesetz von 1899 und dessen Ausführungsverordnung, in dem das Einbuchsystem eingeführt und die Wirkungen der Eintragung dahin bestimmt wurden, daß ohne Eintragung die Rechtsänderung Dritten nicht entgegengesetzt werden konnte. 1909 fand eine abermalige Abänderung statt, dazu wurde eine besondere Eintragungsordnung [25] für Patente durch Kaiserliche Verordnung geschaffen. Gegenwärtig gilt das Patentgesetz nebst Eintragungsordnung in der Fassung von 1921.

Das Musterregister wurde mit der „Verordnung über Muster" von 1888 begründet und hat sich der Patentrolle entsprechend vom Zweibuch- zum Einbuchsystem entwickelt, das Register wurde von Anbeginn beim Patentamt geführt.

Die Musterrolle hat Japan Deutschland entlehnt; sie beruht auf dem Gesetz von 1905. Sie folgt dem Einbuchsystem.

Die Zeichenrolle ist durch Bekanntmachung von 1884 eingeführt. Sie bestand zunächst als Einbuchsystem, wurde aber durch das Gesetz von 1888, entsprechend der Patentrolle, zum Zweibuchsystem, jedoch dann wieder zu einem Register umgewandelt, ganz entsprechend der Entwicklung, die auch die Patentrolle durchmachte. Historisch beruht sie auf europäischen Einflüssen. Zwar kannte Japan selbst schon seit früher Zeit Warenzeichen [26], doch sind Register oder Rollen für die Eintragbarkeit der Zeichen nicht nachweisbar.

---

[23]) Vgl. Takegoshi, Wirtschaftsgeschichte Japans Band IV S. 303ff.
[24]) Vgl. Kohler, Lehrbuch S. 176.
[25]) Im folgenden kurz „Patent-Eintragungsordnung" genannt.
[26]) Jizuka S. 7; Miyauchi, Im Wörterbuch des Handels S. 813.

Zweiter Teil.

Verfassung des Grundbuchs und der Rollen.

Abschnitt I.

Zuständigkeit zur Führung des Grundbuchs und der Rollen.

Kapitel 1.

Behörden.

I. Die deutsche Reichsgrundbuchordnung hat bestimmt, daß zur Führung des Grundbuchs das Grundbuchamt zuständig ist. Die Organisation der Grundbuchämter ist der Landesgesetzgebung überlassen. Wenn wir die Landesgesetzgebung ansehen, so finden wir, daß in den meisten deutschen Einzelstaaten das Amtsgericht, und zwar dasjenige, in dessen Bezirk sich das Grundstück befindet, als zuständiges Grundbuchamt erklärt ist. Fällt ein Grundstück in die Bezirke mehrerer Grundbuchämter, so bestimmt das gemeinsame Landgericht das zuständige Grundbuchamt, falls es aber ein für die beteiligten Grundbuchämter gemeinsames Landgericht nicht gibt, das Justizministerium (Art. 2 pr. AG. GBO. in Verb. mit § 20 pr. AG. GVG.)[2]).

Von den Rollen werden die Patentrolle, die Musterrolle und die Zeichenrolle beim Patentamt, das Musterregister dagegen (wie das Handelsregister) bei dem Amtsgericht geführt, in dessen Bezirk der Inhaber des eingetragenen Rechts wohnt (§ 19 PG., § 3 GebrMG., § 2 WZG., § 9 GeschmMG.). Demnach folgen die Patentrolle, die Musterrolle und Zeichenrolle dem System der Zentralisierung, dagegen das Musterregister ebenso wie das Grundbuch und Handelsregister dem System der Dezentralisierung. Beim Musterregister fand sich das Bestreben nach Zentralisierung seit frühester Zeit[3]), es blieb aber bis zum heutigen Tage ohne Erfolg. Beide Systeme haben ihre Vorzüge und Schwächen. Welches System bei den einzelnen Rollen das zweckmäßige sein dürfte, entscheidet der Charakter des Rechts. Bei Grundstücken folgt die lokale Zersplitterung der Grundbuchämter aus dem Gedanken, „der Berg kommt nicht zum Mahomed, Mahomed muß zum

---

[1]) Anders z. B. nur in Baden, Mecklenburg und Württemberg.

[2]) Vgl. § 3 d. Hamburg. Gesetzes betr. Ausführg. d. GBO.

[3]) Paul Schmidt, Die Entwicklung des Geschmacksmusterschutzes in Deutschland S. 35 ff.

Berge kommen"[4]). Die Musterrechte haben einen derartigen Charakter nicht; schon daraus folgt, daß hier eine Zentralisierung am Platze wäre. Ein weiterer Grund für eine Zentralisierung der Musterrechte ergibt sich aus der systematischen Zugehörigkeit dieser Rechte zum Industrierecht[5]), wo allgemein das System der Zentralisierung herrscht und eine derartige Regelung sogar die Zeichenrolle erfahren hat, bei der gewiß lokale Interessen hineinspielen.

In Japan sind zuständig für die Führung der Grundbücher die Amtsgerichte und ihre Zweigstellen, in deren Bezirk die unbeweglichen Sachen liegen[6]). Fällt eine unbewegliche Sache in die Bezirke mehrerer Grundbuchämter, so bestimmt auf Antrag das nächste für die beteiligten Grundbuchämter gemeinsame höhere Gericht das zuständige Grundbuchamt (§ 8 GBO.). Unter unbeweglichen Sachen sind nach japanischem Recht sowohl Grundstücke als auch Gebäude zu verstehen (näheres unten Abschnitt II Artikel 1). Zweigstellen des Amtsgerichts sind diejenigen Behörden, denen die Führung des Grundbuchs für die Dörfer, für kleine Städte, in denen sich ein eigenes Amtsgericht nicht befindet, sowie für bestimmte Bezirke der Großstädte neben dem Amtsgericht obliegt. Während in Deutschland bei Zugehörigkeit einer unbeweglichen Sache zu den Bezirken mehrerer Grundbuchämter das Landgericht oder Justizministerium das zuständige Grundbuchamt bestimmt, ist es in Japan stets das nächste gemeinsame höhere Gericht, das möglicherweise auch ein Oberlandesgericht oder sogar das Reichsgericht sein kann, aber nie das Justizministerium.

Alle Rollen, auch das Musterregister, werden in Japan beim Patentamt geführt. Wie oben erwähnt, wird das deutsche Musterregister bei den Amtsgerichten geführt. Japan dagegen folgt im Interesse der Einheitlichkeit dem Zentralisierungssystem. Das Musterregister gehörte von Anfang an zur Zuständigkeit des Patentamts. Das Patentamt untersteht in Japan dem Ministerium für Handel und Gewerbe und hat fünf Abteilungen: Generalabteilung, Urteilsabteilung, Maschinenabteilung, Abteilung für Chemie und Elektrizität, Abteilung für Geschmacksmuster und Warenzeichen. Die Generalabteilung ist zuständig für die Anmeldung und Führung der Rollen, für Herausgabe der amtlichen Blätter, Kassenwesen und die Angelegenheiten, für die nicht die Zuständigkeit einer anderen Abteilung begründet ist. Die Urteilsabteilung bearbeitet das Verfahren auf Beschwerde und das Nichtigkeitsverfahren; die Maschinenabteilung prüft die das Maschinenwesen betreffenden Erfindungen, gleichviel ob ein Schutz durch Patent oder Gebrauchsmuster

---

[4]) Kohler, Sachenrecht S. 2.

[5]) Vgl. Kohler, Musterrecht S. 96, 105, 137.

[6]) Territoriale Bestimmungen gibt es neben der Grundbuchordnung nicht.

in Frage kommt; die letzte Abteilung die Geschmacksmuster und Warenzeichen (§ 3 der Kaiserlichen Verordnung über Patentamt von 1922) [7]).

II. Nach deutschem Recht ist Beschwerdeinstanz in Grundbuchsachen das Landgericht. Auf weitere Beschwerde entscheidet das Oberlandesgericht. Die Beschwerde ist zulässig gegen alle Entscheidungen des Grundbuchamts mit Ausnahme der Eintragungen (§ 71 GBO.), gleichviel ob es sich hierbei um eine tatsächliche oder Rechtsfrage handelt. Dagegen kann die weitere Beschwerde nur auf Verletzung des Gesetzes gestützt werden.

Die Beschwerde und weitere Beschwerde in Geschmacksmustersachen ist der Grundbuchbeschwerde entsprechend § 19ff. Reichsgesetz über die Angelegenheiten der freiwilligen Gerichtsbarkeit (FGG.) geregelt (Osterrieth S. 241ff.). Gegen die Entscheidung auf eine Patentanmeldung kann man die Beschwerdeabteilung beim Patentamt anrufen. §§ 16, 26 PG. Entsprechendes gilt für die Entscheidung auf eine Anmeldung des Warenzeichens, § 10 WZG. Im Gebrauchsmusterrecht gibt es nur gegen ablehnende Entscheidungen Beschwerde [8]); über diese entscheidet der Präsident des Patentamts, § 21 Verord. v. 11. Juli 1891. Weitere Beschwerde gibt es im Gebiete des Patent-, Warenzeichen- und Gebrauchsmusterrechts nicht.

Im japanischen Recht entspricht die Zuständigkeit der Beschwerdeinstanz in Grundbuchsachen der Regelung, wie sie das deutsche Recht hat, doch entscheidet über die weitere Beschwerde das Reichsgericht (§§ 150, 158 GBO., § 51 GV.). Im Patentrecht, Gebrauchsmuster-, Warenzeichen- und Geschmacksmusterrecht findet ein Prüfungsverfahren statt, gegen dessen Entscheidungen es Beschwerde gibt, über die die Urteilsabteilung des Patentamts entscheidet (§ 109 PG., § 25 GebrMG., § 24 GeschmMG., § 24 WZG.). Weitere Beschwerde gibt es nicht, an ihrer Stelle findet gegen die Entscheidung der Urteilsabteilung des Patentamts „Klage“ beim Reichsgericht statt, die jedoch nur auf Rechtsverletzungen gestützt werden kann, wie die Revision im ordentlichen Zivilprozeß (§ 115 PG., § 26 GebrMG., § 25 GeschmMG., § 24 WZG.). Diese Rechtsmittel betreffen jedoch nur das Prüfungsverfahren, nicht das Verfahren bei der darauffolgenden Eintragung. Wird eine im Eintragungsverfahren ergehende Verfügung für unrichtig erachtet, so kann man Widerspruch beim Präsidenten des Patentamts erheben, und sodann gegebenenfalls den Minister für Handel und Gewerbe anrufen (§§ 69, 70 Eintragungsverordnung).

---

[7]) Vgl. Jizuka S. 13.

[8]) Über die rechtliche Natur der Beschwerde (Vorstellung) findet Streit statt. Nach Seligsohn, Patent S. 473 und Osterrieth S. 190 ist sie ein Rechtsmittel in prozeßrechtlichem Sinne. A. M. Isay S. 583.

III. Eine Vergleichung des japanischen Rechts mit der Regelung des deutschen Rechts ergibt, daß das japanische Recht die Zuständigkeit für das gesamte Industrierecht einheitlich geordnet hat, während das deutsche Recht von einer bunten Mannigfaltigkeit im einzelnen beherrscht wird. Wie weit die Verschiedenheit geht, zeigt z. B. die Tatsache, daß im Gebrauchsmusterrecht Beschwerde an den Präsidenten des Patentamts stattfindet, während in dem ganz ähnlichen Geschmacksmusterrecht die Beschwerde an das Landgericht geht.

Kapitel 2.

Die Beamten.

I. In Deutschland sind die Beamten, denen die Bearbeitung der Grundbuchsachen übertragen ist, der Richter und der mittlere Justizbeamte, welchen durch die Geschäftsverteilung die Bearbeitung der Grundbücher zugewiesen wird — Grundbuchrichter und Grundbuchführer [1]). Die Gesamtbezeichnung für beide ist „Grundbuchbeamte".

In Japan sind Grundbuchbeamte ebenfalls Grundbuchrichter und Grundbuchführer. In der Praxis werden auf Grund des § 15 II GVG. sämtliche Grundbuchangelegenheiten von den Grundbuchführern erledigt.

In Japan sind die Beamten, denen die Führung sämtlicher Rollen obliegt, Beamte des Patentamts, und haben nach dem Gesetz die gleiche Bezeichnung wie die Grundbuchbeamten, nämlich „Rollenbeamte" [2]), während in Deutschland die Beamten für Patent-, Gebrauchsmuster- und Zeichenrollen Beamte des Patentamts, diejenigen für das Geschmacksmusterregister, ebenso wie beim Grundbuch, der Richter und der Registerführer sind.

II. In Deutschland sind Grundbuchbeamte in folgenden Fällen von der Amtsausübung ausgeschlossen: 1. in Sachen, in denen sie selbst beteiligt sind, oder in denen sie zu einem Beteiligten in dem Verhältnis eines Mitberechtigten oder Mitverpflichteten stehen; 2. in Sachen ihrer Ehegatten, auch wenn die Ehe nicht mehr besteht; 3. in Sachen einer Person, mit der sie in gerader Linie oder im zweiten Grade der Seitenlinie verwandt oder verschwägert sind; 4. in Sachen, in denen sie als Vertreter eines Beteiligten bestellt oder als gesetzlicher Vertreter eines solchen aufzutreten berechtigt sind (§ 6 FGG.; Art. 1 u. 2 pr. FGG.; § 20 Hamburg. G. betr. Ausführg.GBO.). Eine Ablehnung ist nicht

---

[1]) Vgl. das Reichsgesetz vom 14. Dez. 1920 und das Entlastungsgesetz vom 11. März 1921. Simeon II S. 72.

[2]) § 16 der Ausführungsbestimmungen der Eintragungsverordnung.

zulässig, doch kann sich ein Grundbuchbeamter seines Amtes wegen Befangenheit enthalten (§ 6 II FGG.).

Wirkt ein Grundbuchbeamter bei einer Eintragung mit, obwohl er von der Mitwirkung kraft Gesetzes ausgeschlossen ist, so ist die Eintragung jedoch nicht aus diesem Grunde unwirksam (§ 10 GBO.)[3]).

In der Beschwerdeinstanz finden die Vorschriften der §§ 6 ff. FGG., Art. 1 u. 2 pr. FGG. keine Anwendung, da die Grundbuchordnung für diese Fälle auf die Vorschriften der §§ 41—49 der Zivilprozeßordnung verweist. Hervorzuheben ist, daß sich hieraus die Unzulässigkeit einer Mitwirkung eines Grundbuchrichters in der Beschwerdeinstanz ergibt, der schon in der ersten Instanz tätig war (während im gesamten übrigen Gebiet der freiwilligen Gerichtsbarkeit der Mitwirkung eines Richters, der schon in der ersten Instanz tätig war, in der Beschwerdeinstanz nichts entgegensteht). In der Beschwerdeinstanz ist in Grundbuchsachen infolge der Verweisung des § 81 GBO. auf die Zivilprozeßordnung auch die Ablehnung eines Richters möglich.

Was die Folgen einer Mitwirkung eines ausgeschlossenen oder abgelehnten Richters in der Beschwerdeinstanz betrifft, so gilt hier wieder § 10 GBO., nach dem eine Eintragung in das Grundbuch aus diesem Grunde nicht unwirksam ist. Handelt es sich bei der Entscheidung der Beschwerdeinstanz aber nicht um Anordnung, sondern um die Ablehnung einer beantragten Eintragung, so versagt die Anwendung des § 10 nach dem Wortlaut der Grundbuchordnung. Da auch § 7 der FGG. wegen der Verweisung des Art. 1 pr. FGG., die ausdrücklich für die Ablehnung und Ausschließung von Gerichtspersonen bei der Mitwirkung bei Grundbuchbeschwerden nicht gilt, nicht in Betracht kommt, fehlt für diesen Fall eine gesetzliche Vorschrift. Man wird annehmen können, daß die gerichtliche Handlung insoweit unwirksam ist, anders als nach § 10 GBO.

Die Zivilprozeßordnung §§ 41—49 findet für die Gebiete des Patentrechts (§ 14 Abs. V PG.) und Warenzeichenrechts (§ 3 Abs. III der I. Verordnung zur Ausführung des Gesetzes zum Schutz der Warenbezeichnungen und des Gesetzes, betreffend den Schutz von Gebrauchsmustern vom 30. Juni 1894) entsprechende Anwendung. Für das Gebrauchsmusterrecht fehlt eine gesetzliche Bestimmung. Auch die Literatur sagt hierüber nicht viel. Nur Osterrieth schreibt: „In allen vorgenannten Abteilungen finden die Bestimmungen der Zivilprozeßordnung über Ausschließung und Ablehnung der Gerichtspersonen entsprechende Anwendung“[4]). Damit meint er auch, daß für Gebrauchs-

[3]) Anders nach § 170 FGG., dessen Verletzung Nichtigkeit im Gefolge hat, der aber nur bei der Beurkundung eines Rechtsgeschäfts zur Anwendung kommt.

[4]) S. 19.

muster die Zivilprozeßordnung anwendbar ist. Man vermißt aber eine Begründung für diese Ansicht.

Ich halte § 14 Abs. 5 des PG. analog für das Gebrauchsmuster anwendbar und dadurch mittelbar auch die §§ 41—49 der Zivilprozeßordnung. Die Vorschriften des Gebrauchsmustergesetzes lehnen sich an die Bestimmungen des PG. an (Mot. S. 8). Das Gesetz gibt keine erschöpfende Regelung der Materie, und daher sind manche Ergänzungen und Erläuterungen notwendig. Zu diesem Zweck wird man die Vorschriften des PG. heranziehen können, wenn nicht besondere Gründe dagegen sprechen[5]). Soweit die formale Prüfung in Betracht kommt, sind solche Gründe hier nicht ersichtlich, deshalb kann man § 14 Abs. 5 des PG. analog anwenden.

Für das Musterregister kommen bezüglich des Ausschlusses und der Ablehnung von Gerichtspersonen dieselben Vorschriften wie für das Handelsregister, also §§ 6, 7 FGG., zur Anwendung (§ 1 der Bestimmungen über die Führung des Musterregisters des Reichskanzleramts vom 29. Februar 1876).

Anders als das deutsche Recht hat das japanische Recht die Frage des Ausschlusses von Beamten geregelt. Die Grundbuchbeamten dürfen eine Eintragung nicht vornehmen, wenn sie selbst, ihre Ehefrau oder ihre Verwandten bis zum vierten Grad Antragsteller sind; es sei denn, daß zwei oder mehr Volljährige, die bei diesem Grundbuchamt eine Eintragung erhalten haben, und die weder die Ehefrau noch Verwandte bis zum vierten Grad des Grundbuchbeamten sind, beim Verfahren vor den Grundbuchbehörden als Zeugen zugegen sind. Im übrigen macht es keinen Unterschied, ob das Verwandtschaftsverhältnis zur Zeit des Verfahrens noch besteht oder nicht (GBO. § 12). Über die Wirkung der gesetzwidrigen Handlung gibt es, abweichend von der deutschen Grundbuchordnung, keine ausdrückliche Bestimmung. Es fragt sich, ob sie wirksam ist oder nicht. Nach Itagaki[6]) ist sie zwar wirksam, aber durch Beschwerde anfechtbar.

Für das Beschwerdeverfahren in Grundbuchsachen gibt es keine besonderen Bestimmungen, es gilt m. E. ganz wie im deutschen Recht die Zivilprozeßordnung, weil auf diese das Freiwillige Gerichtsbarkeitsgesetz verweist[7]), und das Grundbuchrecht einen Teil der freiwilligen Gerichtsbarkeit darstellt.

Auf dem Gebiete des Industrierechts findet die Zivilprozeßordnung Anwendung, also für Patent-, Gebrauchsmuster-, Warenzeichen- und Ge-

---

[5]) Seligsohn, Patent S. 445, Isay S. 554, RG. S. 67.

[6]) S. 68.

[7]) § 5 J. FGG.

schmacksmustersachen (§§ 71, 91, 110 PG.; § 26 GebrMG.; § 25 GeschmMG.; § 24 WZG.).

III. Die Haftung für Grundbuchbeamte trifft im deutschen Recht den Staat (§ 12 GBO.) unter den Voraussetzungen, unter denen nach § 839 BGB. der Beamte selbst haften würde; nach § 839 gilt: Verletzt ein Beamter vorsätzlich oder fahrlässig die ihm einem Dritten gegenüber obliegende Amtspflicht, so hat er dem Dritten den daraus zu entstehenden Schaden zu ersetzen. Fällt dem Beamten nur Fahrlässigkeit zur Last, so kann er nur dann in Anspruch genommen werden, wenn der Verletzte nicht auf andere Weise Ersatz zu erlangen vermag.

Für Grundbuchsachen wird das Bestehen einer einem Dritten gegenüber obliegenden Amtspflicht zugunsten aller derjenigen angenommen, die auf die richtige Ausübung der Grundbuchtätigkeit angewiesen sind, um vor Schaden bewahrt zu bleiben[8]).

Haftet der Staat nach § 12 der GBO. an Stelle des Beamten dem Geschädigten, so kann er gegen den Beamten Regreß nehmen nur bei Vorsatz oder grober Fahrlässigkeit (Art. 8 des pr. AG. z. GBO.). Über die Grenze von grober und leichter Fahrlässigkeit in Fällen von Versehen von Grundbuchrichtern gibt es eine hier nicht im einzelnen zu verfolgende Judikatur. Insbesondere ist streitig, ob die Nichtkenntnis oder Nichtbeachtung von Entscheidungen höchster Gerichtshöfe als grobe Fahrlässigkeit anzusehen ist. Das Reichsgericht[9]) bejaht in der Regel, Güthe[10]) und Fischer[11]) verneinen.

Für die Beamten des Patentamts sowie die Registerbeamten gilt bei Amtspflichtverletzungen § 839 I und III, Art. 131 RVerf. und das Gesetz von 1910, wonach ebenfalls der Staat haftet. Der Rückgriff gegen den Beamten bestimmt sich nach § 2 des Reichsgesetzes vom 22. Mai 1910 und § 3 des preußischen Gesetzes vom 1. Aug. 1909. § 34 Hamburgisches AG. z. GBO.

Nach japanischem Recht gilt für Grundbuchbeamte folgendes: Haben sie bei Ausübung ihres Amtes dem Antragsteller oder einer anderen Person Schaden zugefügt, so sind sie nur dann schadenersatzpflichtig, wenn dieser Schaden auf Vorsatz oder grober Fahrlässigkeit beruht (GBO. § 13).

Für Patentbeamte gibt es gegenwärtig eine gesetzliche Bestimmung über die Haftpflicht noch nicht.

Gegenwärtig steht Japan, das eine Haftung des Staates für Amts-

---

[8]) Vgl. RG. 72, 329; 78, 244; Güthe zu § 12 Anm. 7; Fischer zu § 12 Anm. 3.

[9]) 50, 1005; 59, 754.

[10]) Zu § 12 Anm. 11.

[11]) Zu § 12 Anm. 2.

pflichtverletzungen der Beamten nicht kennt, noch hinter den europäischen Staaten in dieser Hinsicht zurück. Jedoch sind Bestrebungen bezüglich der Schaffung einer dem deutschen Recht entsprechenden Bestimmung über die Haftpflicht aller Beamten und des Staates bereits im Gange.

Auf eine der allgemeinen Bedeutung des Art. 131 der deutschen Reichsverfassung entsprechende Bestimmung wird Japan nicht mehr allzulange zu warten haben. Die Haftung des Staates entspricht gleichermaßen dem Interesse des Geschädigten wie des Beamten; ferner muß die Rückgriffsmöglichkeit des Staates auf den Beamten weitmöglichst eingeschränkt, und dadurch der Beamte gesichert werden. Das sind die leitenden Gesichtspunkte, denen Japan bei den Reformbestrebungen folgt, und die einen Fortschritt gegenüber dem geltenden Rechtszustand bedeuten würden.

Abschnitt II.

Einrichtung.

I. Grundbuch.

Die Einrichtung der Grundbücher kann nach dem Personal- oder Realprinzip einerseits und nach dem Dreiteilungs- oder Vierteilungssystem andererseits erfolgen. Unter Personalprinzip versteht man dasjenige Prinzip, das für die Einrichtung der Grundbücher die Eigentümer entscheidend sein läßt, unter Realprinzip dasjenige, das die Einrichtung nach den Grundstücken bestimmt. An der Spitze des Blattes steht bei dem Realsystem das Grundstück, während beim Personalprinzip der Eigentümer an der Spitze steht. Das Realprinzip empfiehlt sich für die Einrichtung der Grundbücher mehr als das Personalprinzip[1]). Denn dieses Prinzip stellt, wie bei allen Grundstücksangelegenheiten erforderlich, das rein dingliche Moment in den Vordergrund. Man kann ferner durch dieses Prinzip ein Grundstück auch ohne Kenntnis des Eigentümers alsbald im Grundbuch finden. Somit dient es einer leichteren Offenbarung aller Rechtsverhältnisse am Grundstück.

Was das Dreiteilungs- oder Vierteilungssystem betrifft, so bestimmt das Dreiteilungssystem die Teilung des Grundbuchblattes in drei Abteilungen, eine Abteilung für den Grundstückbestand, eine Abteilung für die Eigentumsverhältnisse, eine Abteilung für die Lasten, während das Vierteilungssystem die Hypotheken und Grundschulden aus der Abteilung für die allgemeinen Lasten herausnimmt und einer besonderen vierten Abteilung zuweist. Das Vierteilungssystem ge-

---

[1]) Vgl. Gierke II S. 294.

währt größere Klarheit und Übersichtlichkeit insbesondere der Grundpfandrechte, deshalb ist es dem Dreiteilungssystem vorzuziehen.

In der deutschen Grundbuchordnung findet man nur folgende beide Bestimmungen:

„Die Grundbücher sind für Bezirke einzurichten" (§ 2 I).

„Jedes Grundstück erhält im Grundbuch eine besondere Stelle (Grundbuchblatt)" (§ 3 Satz 1).

Auf Grund des § 3 behaupten einige, daß sich die Grundbuchordnung für das Realfolium entschieden habe[2]), andere fassen diese Bestimmung lediglich dahin auf, daß durch sie das Prinzip des mittelalterlichen deutschen Rechts, nach dem die Eintragungen auf sämtlichen Grundstücken nur nach der Reihenfolge des Eingangs des Antrags bewirkt wurden, abgelehnt werden sollte, und die Grundbuchordnung die Wahl zwischen dem Personal- oder Realfolium, dem Drei- oder Vierteilungssystem der Gesetzgebung der Einzelländer überlassen habe[3]). — Die letztere Ansicht ist allgemeine und richtige Meinung.

Preußen hat früher das Personalprinzip und das Realprinzip gleicherweise zugelassen, heute folgt es, wie die meisten anderen Staaten, dem Realprinzip und dem Vierteilungssystem (Allg. Vf. §§ 1 ff., 5 ff.).

Die japanische Grundbuchordnung hat trotz der Anlehnung der sachenrechtlichen Bestimmungen[4]) an das französische Recht die Einrichtung der Grundbücher nach deutschem, insbesondere preußischem Muster geordnet, folgt also dem Realfolium und bestimmt, daß jedes Grundstück und jedes Gebäude[5]) im Grundbuch ein besonderes Blatt erhalten soll (§ 15 I GBO.). Das einzelne Blatt hatte zuerst vier Abteilungen für dingliche Rechte. Dazu kam eine weitere Abteilung für diejenigen Obligationsrechte, die eintragungsfähig sind[6]). So enthielt das japanische Grundbuch fünf Abteilungen. Die Novelle des Jahres 1913 (Gesetz Nr. 18) hat jedoch die fünf Abteilungen auf drei reduziert, die nunmehr folgendes enthalten:

Bestandsverzeichnisabteilung, Eigentumsabteilung und Abteilung für sonstige Rechte. In die dritte Abteilung werden sowohl Hypotheken und andere dingliche Lasten als auch die eintragungsfähigen Obligationsrechte eingetragen (§ 16 GBO.).

Daß das materielle Grundstücksrecht französischen, das formelle aber deutschrechtlichen Grundsätzen folgt, ist höchst merkwürdig, da doch beide zusammen eine gewisse Einheit bilden. Diese Zwiespältig-

---

[2]) Gierke II S. 294.

[3]) Z. B. Wolff § 29 I., J. Gierke S. 24.

[4]) Vgl. unten S. 89.

[5]) Vgl. unten S. 22.

[6]) Vgl. unten S. 42.

keit, die häufig mißliebig in Erscheinung tritt, läßt sich nur erklären aus der Tatsache, daß Japan bei der Kodifizierung seiner grundlegenden Gesetze, insbesondere auch des BGB. und der GBO., eilig zu Werke ging, und die Gesetzgebungskommission für die Grundbuchordnung und das BGB. verschiedene waren. Umé[7]), der Hauptschöpfer des BGB., hat ausgesprochen: „Die Grundbuchordnung ist eines der fortgeschrittensten Gesetze der Welt, aber sie enthält zahlreiche Zweifel, weil das zugrundeliegende BGB. zu einfach geregelt ist. Damals, als man das BGB. schuf, war der Entwurf zur Grundbuchordnung noch nicht vorhanden, und es war noch unbestimmt, welchen Grundsätzen die Grundbuchordnung folgen würde. Deshalb glaubte man, daß wenn das BGB. eine ausführliche Regelung des materiellen Grundstückrechts vornehmen würde, dann der Grundbuchordnung die Wege zu sehr vorgeschrieben seien, als daß sie in vollständig freier Weise ihr System errichten könnte. Deshalb hat sich das BGB. auf einen einzigen Paragraphen über die Eintragung beschränkt und bestimmt, daß die Eintragungen ‚nach Maßgabe der Grundbuchordnung' erfolgen. Damit hat es sehr viel der Grundbuchordnung überlassen; aber die Verfasser der Grundbuchordnung ihrerseits wollten hauptsächlich nur das formelle Grundstücksrecht regeln, so daß materielles Recht sich nur in § 1 der GBO., welcher die eintragungsfähigen Rechte und die eintragungsfähigen Tatsachen aufzählt, und noch einigen anderen wenigen Stellen findet."

Nach der deutschen Reichs-GBO. können mehrere Grundstücke desselben Eigentümers ein „gemeinschaftliches Grundbuchblatt" erhalten, sofern hierdurch keinerlei Verwechslung zu befürchten ist (§ 4 GBO.). Die japanische GBO. hat eine solche Vorschrift nicht; man hat das „Einblatt-System" für jeden Gegenstand streng eingeführt.

II. Rollen.

Die Grundsätze des Grundbuchs hat man in Japan für die Einrichtung der Rollen entsprechend angewandt, nämlich man geht entsprechend dem Realfolium von dem Gegenstande des Patents aus, für das je ein besonderes Blatt eingerichtet wird (§ 2 der Ausführungsbestimmung zur Eintragungsordnung von 1921). Jedes einzelne Blatt zerfällt ähnlich wie das Grundbuchblatt außer der sog. Verzeichnisspalte in vier Abteilungen A bis D. Die Verzeichnisspalte enthält das Patent, ferner die Tatsachen, die sich auf Änderung, Erlöschen und die Wirkung der Patente oder die Feststellung des Umfangs eines Patentrechts beziehen. In der Abteilung A werden Begründung, Übergang und Verfügungsbeschränkungen des Patentrechts, in der Abteilung B

---

[7]) Hogaku Band 25 Teil 4.

Angelegenheiten mit Bezug auf beschränkt übertragenes Patentrecht und die Pfandrechte an solchen Rechten eingetragen. Die Abteilung C dient zur Aufnahme von Angelegenheiten der Pfandrechte und der Lizenzrechte an solchen Rechten. In der Abteilung D endlich werden Angaben über Pfandrechte an dem Patentrecht vermerkt. (§ 4 derselben Ausführungsbestimmung.)

Nach § 11 der Eintragungsordnung werden Beschreibung und Zeichnung einer patentierten Erfindung als Teil der Patentrolle angesehen.

Diese Institution der Patentrolle hat man entsprechend angewendet auf Musterrolle und Musterregister sowie die Zeichenrolle, nur die Zeichenrolle hat die Abteilungen B bis D nicht, was aus der Natur der eingetragenen Rechte folgt (Bekanntmachung über die Eintragung von Gebrauchsmustern, § 1 Ausführungsbestimmungen betr. die Eintragung von Mustern, § 1 Ausführungsbestimmungen betr. die Eintragung von Warenzeichen, 1921).

Ganz verschieden ist die Einrichtung der Rollen von der des Grundbuchs im deutschen Recht. Hier werden auf einem Blatt die Patente bezw. die Gebrauchsmuster-, Geschmacksmusterrechte und Warenzeichen nacheinander eingetragen. Der Gegenstand und der Inhaber des Rechts werden in einer Spalte eingetragen. Eine besondere Spalte für die Eintragung von Pfandrechten und Lizenzen gibt es nicht, weil die Eintragungsfähigkeit dieser Rechte nicht anerkannt ist[8]). Die Einrichtung der Patentrolle, Musterrolle und Zeichenrolle folgt im allgemeinen demselben System, nur das Musterregister ist gänzlich verschieden. Dies ist ein Hauptunterschied zum japanischen Recht, in dem alle Rollen und Register nach demselben System aufgebaut sind, was Kohler[9]) bereits auch für das deutsche Recht gefordert hatte. Die abweichende Einrichtung des Musterregisters in Deutschland dürfte sich daraus erklären, daß dieses Register stets bei den Amtsgerichten geführt wurde. Innerlich gerechtfertigt ist der Unterschied aber nicht.

Abschnitt III.

Was wird eingetragen?

Von allen einzutragenden Umständen werden hier die drei wichtigsten behandelt. Einzutragende Gegenstände, einzutragende Rechte und einzutragende Rechtsänderungen.

In Deutschland ist es üblich, die Rechte und ihre Änderungen ge-

---

[8]) Bestritten. S. unten S. 43ff.

[9]) Musterrecht S. 137, Warenzeichenrecht S. 134.

meinsam entweder von der Seite der Rechte (z. B. Planck III S. 110, Heymann S. 339ff.) oder von der Seite der Änderungen (z. B. Gierke II S. 311, Dernburg III S. 124) zu behandeln. Nur Kohler hat diese getrennt behandelt (Sachenrecht S. 89, 92). J. GBO. I, und Schrifttum, ebenso wie Kohler; so auch die folgende Darstellung.

Kapitel 1.

Einzutragende Gegenstände.

I. Grundbuch.

1. Deutschland.

Nach deutschem Recht sind Gegenstände der Eintragung Grundstücke und grundstücksgleiche Rechte. In der Regel haben die Grundstücke sämtlich Eintragungsfähigkeit. Ausnahmsweise gibt es buchfreie Grundstücke nach Maßgabe landesherrlicher VO. (vgl. § 90 GBO.), es gehören hierher namentlich Grundstücke des Reiches, der Einzelstaaten, der Kommunalverbände, öffentliche Wege und Gewässer; sie werden nur auf Antrag gebucht, und sind vor der Buchung grundsätzlich dem dinglichen Grundstücksverkehr entzogen (vgl. Art. 127 u. 128 EG. z. BGB.).

Der Hauptfall des grundstücksgleichen Rechts ist das Erbbaurecht, das in ein besonderes Erbbaubuch eingetragen wird, daneben gibt es kraft Landesrechts einige andere juristische fundi z. B. Bergwerksrechte.

2. Japan.

In Japan muß man grundlegend unterscheiden zwischen Grundstücken und Gebäuden, die in gesonderte Bücher eingetragen werden (Grundstücks- und Gebäudegrundbücher) nach § 14 GBO. Ein besonderes Erbbaubuch gibt es, abweichend von Deutschland, nicht; das Erbbaurecht ist zwar auch eintragungsfähig, es wird aber als besonderes beschränktes dingliches Recht behandelt und demgemäß im Grundbuch wie Hypotheken eingetragen. Eine Gleichstellung mit dem Grundstück als eintragungsfähigem Gegenstand findet im Unterschied zu Deutschland nicht statt. Nach deutschem Recht ist das Gebäude wesentlicher Bestandteil des Grundstücks oder beweglichen Sache[1]), weshalb ein besonderes Gebäudegrundbuch zur Eintragung überflüssig ist. In Japan dagegen ist das Gebäude rechtlich eine vom Grundstück verselbständigte Sache[2]), woraus sich die Notwendigkeit eines besonderen Gebäudegrundbuchs ergibt.

---

[1]) Strecker, Im Handwörterbuch d. R. S. 28.

[2]) § 86 J. BGB. lautet: Unbewegliche Sachen sind Grund und Boden sowie die damit fest verbundenen Gegenstände. Alle übrigen Sachen sind bewegliche Sachen. Forderungen auf den Inhaber gelten als bewegliche Sachen.

Wie schon erwähnt, sind in Deutschland bestimmte Grundstücke von der Eintragung befreit (GBO. § 90); in Japan gibt es eine derartige Bestimmung nicht: sämtliche Grundstücke und Gebäude erhalten ausnahmslos ihre Eintragung, um die Möglichkeit zu bieten, eine bei ihnen vorgenommene Rechtsänderung Dritten gegenüber geltend zu machen [3]). Das gilt z. B. auch für Grundstücke, die als öffentliche Wege dienen [4]).

II. Rollen.

A. Patentrolle.

1. Deutschland.

a) Nach § 19 des PG. ist Gegenstand der Patentrolle der „Gegenstand der erteilten Patente". Das Wort Patent hat zwei Bedeutungen: einmal bezeichnet es den Staatsakt der Verleihung, das andere Mal das subjektive absolute Recht. Hier handelt es sich um die letztere Bedeutung. Was ist bei Zugrundelegung dieses Begriffs des Patents nun „Gegenstand des Patents", ist insbesondere der Gegenstand des Patents derselbe wie der Gegenstand der Erfindung?

Osterrieth und Damme unterscheiden deutlich zwischen diesen beiden Begriffen. Damme S. 445, 239 sagt, Gegenstand des Patents sei die Idee (Erfindung), Gegenstand der Erfindung sei deren Ausführung. Osterrieth sagt: Gegenstand des Patents kann sein: Erfindungen, „die neu sind und gewerbliche Verwertung gestatten" (S. 55), und ferner: „unter Gegenstand der Erfindung ist zu verstehen die Erfindung in jeder konkreten, nutzbaren Form" (S. 95). Dieser Auffassung folgen Seligsohn, Ebermayer und die Praxis des Patentamts [5]). Auch Schanze [6]) gehört insoweit hierher, als er beide Begriffe klar scheidet; nur versteht er unter dem Gegenstande der Erfindung etwas anderes als die obengenannten Verfasser, und zwar kennt er einen abstrakten und einen besonderen konkreten Erfindungsgegenstand.

Kohler [7]) und Kent [8]) finden keinen Unterschied zwischen beiden Begriffen; anscheinend gehört auch Isay [9]) hierher.

M. E. ergibt sich aus § 19 des Patentgesetzes einerseits und § 4 andererseits, daß Gegenstand des Patents und Gegenstand der Erfindung verschiedene Begriffe sein müssen; das Gesetz selbst macht einen Unterschied. Aus §§ 1 und 3 folgt zunächst, daß unter Gegenstand des Patents

---

[3]) Über die materielle Bedeutung der Eintragung s. unten S. 89.

[4]) RG. vom 1. Dez. 1918.

[5]) Seligsohn, Patent S. 107; Ebermayer zu § 4 Anm. 3, PA. in Bl. 13, 294.

[6]) Erfindung und Erfindungsgegenstand S. 5 ff.

[7]) Kohler, Handbuch S. 324.

[8]) Patent I S. 54 Nr. 33; S. 367 Nr. 88.

[9]) S. 83.

die Erfindung zu verstehen ist. Und § 4 ergibt bei unbefangenem Lesen, daß der Gesetzgeber unter dem Gegenstand der Erfindung ganz offenbar die konkrete Gestalt, die Ausführung der Idee (Erfindung) meint. Die Ansicht Damme's erachte ich sonach für zutreffend.

b) Was ist nun aber die Erfindung? Diese Frage erschöpfend zu behandeln, gehört nicht zur Aufgabe dieser Arbeit, sie kann nur kurz gestreift werden.

aa) Das deutsche Patentgesetz hat so wenig wie andere Patentgesetze eine Definition gegeben, sondern sagt nur „Patente werden erteilt für neue Erfindungen, welche eine gewerbliche Verwertung gestatten" (D.PG. § 1 Abs. 1). In den Motiven zum Patentgesetz von 1877 heißt es: „Eine Definition von Erfindung ist absichtlich nicht gegeben, weil dieselbe nicht in das Gesetz gehört, sondern der Wissenschaft und Rechtsprechung überlassen bleiben muß". Und im Berichte der Reichstagskommission vom Jahre 1877 heißt es: Es bedürfe keiner Definition des Wortes „Erfindung". Nach dem Inkrafttreten des Gesetzes hatten die Interessenten vielfach Klage erhoben, daß durch diesen Mangel eine Rechtsunsicherheit entstehe. Infolgedessen hat man bei der Revision von 1886 der Enquete die Frage vorgelegt, ob das Fehlen einer gesetzlichen Definition erhebliche praktische Nachteile mit sich gebracht habe, und ob sich diese doch durch Aufnahme einer Definition in das Gesetz verhüten ließen. Die Frage wurde nach eingehender Beratung mit großer Mehrheit verneint[10]).

bb) Seit 1877 hat die Wissenschaft sich um eine zutreffende Definition des Begriffs der Erfindung bemüht oder ihre Merkmale herauszustellen versucht. Die vertretenen Ansichten kann man, je nachdem von welcher Seite man sie betrachtet, in mehrere Gruppen im einzelnen teilen.

Sieht man die Erfindung von der Seite der Entwicklung an, so ergeben sich folgende Gruppen:

Die erste Gruppe definiert die Erfindung im wesentlichen als die erfinderische Tätigkeit. Typisch hierfür ist die Definition von Dambach[11]) „die Erfindung ist die Schaffung und Hervorbringung eines neuen, bisher nicht vorhanden gewesenen Gegenstandes oder Produktionsmittels zu materiellen Gebrauchszwecken". Auch Staub[12]) gehört hierher.

Die zweite Gruppe geht von dem Ergebnis menschlichen Schaffens aus. Eine typische Definition hierfür gibt Allfeld: „Erfindung im patentrechtlichen Sinne ist das Ergebnis schöpfe-

---

[10]) Vgl. Seligsohn, Patent S. 25, Schanze, Erfindung S. 24ff.

[11]) PG. S. 2.

[12]) PatBl. 1888, S. 37.

rischer Geistestätigkeit, kraft dessen der Schaffende darzulegen vermag, wie unter Benutzung von Naturkräften menschlichen Bedürfnissen ein bisher unbekanntes Befriedigungsmittel zugeführt werden könne" (S. 3). Auch Damme[13]), Klostermann[14]), Osterrieth[15]) und Gierke[16]) gehören hierher. Ebenso kann man das Reichsgericht[17]) hierher rechnen.

Eine dritte Theorie trägt beiden Seiten Rechnung. So definiert Kohler[18]) die Erfindung einerseits im objektiven Sinne als Ergebnis der Erfindung und andererseits im subjektiven Sinne als die Tätigkeit bei der Erfindung. Auch Kisch[19]) und Schanze[20]) gehören hierher.

Osterrieth[21]) läßt verschiedene Begriffsbestimmungen zu, je nach dem Ausgangspunkt und der dadurch bedingten Betrachtungsweise. Allfeld sagt: „Gegenstand des Schutzes ist niemals die Erfindertätigkeit, sondern immer das Resultat derselben" (S. 3). Damme schreibt: „Auf dem europäischen Kontinent ist nach dem Vorbild Frankreichs nicht mehr die Person, sondern das Ergebnis seiner Tätigkeit, die Erfindung, in die Erscheinung getreten, das subjektive Element verschwindet hinter dem objektiven" (S. 140/1). Diese Ansicht ist jetzt allgemein geworden.

Betrachtet man die Erfindung von der Seite ihres Umfangs, so kann man folgende Gruppen erkennen:

Manche fassen Neuheit und gewerbliche Verwertbarkeit nicht als der Erfindung immanente Eigenschaften auf, sondern nur als ihr zugehörige akzessorische Merkmale. Ihren klarsten Ausdruck hat diese Ansicht bei Osterrieth gefunden. Er hat als Erfindung „eine technische Schöpfung mit eigenartiger Wirkung" definiert und sagt: „Wird nun eine Erfindung gemacht, so wird der Schatz individueller technischer Mittel um ein neues vermehrt. Die Eigenart und Neuheit treffen dann zusammen: Jede Individualität ist einmal absolut neu. Daher wird sie häufig auch als Neuheit bezeichnet. Indessen wird hierbei eine unzerstörbare Eigenschaft jeder Erfindung mit einer Eigenschaft vermengt, die jede Erfindung einmal, aber nur in einem vorüber-

---

13) S. 139 ff. und S. 163.
14) PG. S. 112.
15) S. 61 ff.
16) S. 863.
17) RGZ. v. 18. Okt. 1905 (Bl. 06, 42).
18) Handbuch S. 83, 203.
19) S. 22.
20) Erfindung und Erfindungsgegenstand S. 1.
21) S. 56.

gehenden zeitlichen Zustand besitzt. Hiernach ist es richtiger, in der Neuheit ein selbständiges Erfordernis — nicht der Erfindung an sich — sondern der patentfähigen Erfindung zu sehen" (S. 59). „Das Merkmal der gewerblichen Verwertbarkeit enthält somit einerseits einen Hinweis auf eine der Erfindung als solcher anhaftenden Eigenschaft, andererseits die Aufstellung eines besonderen, neben der Erfindungsqualität bestehenden Erfordernisses. Da das erstere Moment schon unter dem Gesichtspunkt der ‚technischen Wirkung' gewürdigt wird, genügt es, in der folgenden Darstellung die ‚gewerbliche Verwertbarkeit' lediglich unter dem Gesichtspunkt eines selbständigen Erfordernisses der Patentfähigkeit zu behandeln" (S. 59). Schanze[22]) gehört ebenfalls hierher, auch Seligsohn[23]), Allfeld[24]), Kohler[25]) und Wassermann[26]).

Die andere Theorie, die die Neuheit als ein der Erfindung immanentes Merkmal auffaßt, findet ihren klarsten Ausdruck bei Damme. Er schreibt S. 163: „Das Erfordernis der Neuheit ergibt sich also ohne weiteres aus dem Begriff der Erfindung", und S. 165: „Für die Wortfassung des Gesetzes ist sehr wohl die Erklärung zu geben, daß es die Neuheit näher bestimmen wollte und sich daher genötigt sah, dieses Erfindungsmerkmal im § 1 besonders zum Ausdruck zu bringen, um damit, für den sprachlichen Aufbau der Gesetzesnormen, die Grundlage für die im § 2 zu treffende Regelung zu schaffen". Dieselbe Ansicht wird vertreten von Isay[27]) und Lutter[28]).

Eine dritte Auffassung findet sich bei Kent[29]). Hier wird die gewerbliche Verwertbarkeit als der Erfindung immanente Eigenschaft aufgefaßt. Diese Theorie verwechselt jedoch Fortschritt und Ausführbarkeit, die selbstverständlich zu jeder Erfindung erforderlich sind, mit der gewerblichen Verwertbarkeit.

---

[22]) Das Recht der Erfindung S. 5 u. 9, S. 345.

[23]) Patent S. 25, 44.

[24]) S. 18, 3.

[25]) Allerdings kommt in der von ihm gegebenen Begriffsbestimmung (Handbuch S. 83) auch das Merkmal der Neuheit vor, aber es ist, wie seine späteren Erklärungen des Begriffs der Neuheit (Handbuch S. 178, Lehrbuch S. 68) zeigen, nur gemeint im Sinne eines zu der Erfindung hinzutretenden akzessorischen Merkmals.

[26]) Patent, S. 16.

[27]) S. 39.

[28]) S. 26.

[29]) Er sagt (S. 143): Das Erfordernis der gewerblichen Verwertbarkeit ist also nicht bloß Voraussetzung der Patentierung einer Erfindung, sondern es ist schon in dem Begriff der Erfindung enthalten.

Ich halte die Ansicht der ersten Gruppe für zutreffend. Denn daraus, daß die Neuheit und gewerbliche Verwertbarkeit neben der Erfindung besonders gefordert werden, ist zu folgern, daß das Gesetz nicht eine Voraussetzung statuiert, die bereits im Erfindungsbegriffe enthalten ist, sondern eine Voraussetzung von selbständiger Bedeutung hat schaffen wollen [30]).

c) Zusammenfassend möchte ich für die Bestimmung der Erfindung den Schwerpunkt mehr auf das Ergebnis als die erfinderische Tätigkeit legen, andererseits folge ich der Theorie, welche die Neuheit und die gewerbliche Verwertbarkeit nicht als die der Erfindung immanente Eigenschaft auffaßt; so daß neben dem Begriff der Erfindung der Begriff der patentfähigen Erfindung anzuerkennen ist. Die patentfähige Erfindung ist der Gegenstand der Patentrolle (§ 19 dasselbe wie der Gegenstand des Patents).

Nachdem damit der Gegenstand der Patentrolle gefunden ist, wenden wir uns noch kurz der patentfähigen Erfindung im einzelnen zu. Sie hat folgende Merkmale:

aa) Positive Merkmale.

1) Erfindung. Eine Erfindung ist eine technische Schöpfung mit eigenartiger Wirkung [31]). Daraus folgt, daß es sich immer a) um eine Schöpfung handeln muß, b) aus dem Gebiete der Technik, c) mit eigenartiger Wirkung.

Die Schöpfung ist das vornehmste Merkmal. Man bezeichnet geradezu die Idee als Gegenstand des Patents oder den Gedanken als Gegenstand des Schutzes, wobei die anderen Merkmale der Erfindung nicht ins Gewicht fallen.

2) Neuheit. § 2 Abs. 1 D. PG. sagt: Eine Erfindung gilt nicht als neu, wenn sie zur Zeit der auf Grund dieses Gesetzes erfolgten Anmeldung in öffentlichen Druckschriften aus den letzten hundert Jahren bereits derart beschrieben oder im Inland bereits so offenkundig benutzt ist, daß danach die Benutzung durch andere Sachverständige möglich erscheint. Diese Bestimmung hat nicht nur den negativen Inhalt, daß beim Vorliegen solcher Tatbestände die Neuheit ausgeschlossen ist, sondern auch die positive Bedeutung, daß bei Nichtvorliegen die Neuheit zu bejahen ist (Kisch S. 76) [32]).

3) Gewerbliche Verwertbarkeit. Diese ist gegeben, wenn die Erfindung vernünftigen menschlichen Bedürfnissen zu dienen vermag. Die Verwertung besteht bei einem Verfahren in seiner Anwendung, bei

---

[30]) Vgl. Schanze a. a. O. S. 345.

[31]) Osterrieth S. 60, Wassermann, Patent S. 8ff.

[32]) So auch Wassermann S. 18, Osterrieth S. 72, Allfeld S. 33, Isay S. 89; anderer Ansicht: Alexander Katz PBl. 81, S. 81 ff.

Erfindung eines neuen Produktes in der Herstellung und in dem In-Verkehr-bringen [33]). Auch Erfindungen, die belehrenden oder unterhaltenden Zwecken dienen, sind patentfähig.

bb) Negative Merkmale.

Zu den so bestimmten positiven Merkmalen der Erfindung müssen einige negative Voraussetzungen hinzukommen, damit die Erfindung patentfähig wird. Es sind die folgenden: Die Erfindung darf nicht zu sittenwidrigen oder gesetzwidrigen Zwecken verwendbar sein (§ 1 II: 1 PG.), und die Erfindung darf nicht Nahrungs-, Genuß- und Arzneimittel sowie Stoffe betreffen, welche auf chemischem Wege hergestellt werden, es sei denn, daß sie ein bestimmtes Verfahren zur Herstellung der Gegenstände betrifft (§ 1 II: 2).

2. Japan.

Das japanische Patentgesetz enthält eine ausdrückliche Bestimmung über den Gegenstand des Patents nicht. Der § 61 J. PG., der etwa dem § 19 D. PG. entspricht, und § 1 der Kaiserl. Verordnung betr. die Eintragung von Patenten, bestimmen nur die Eintragung der Patentrechte, ohne des Gegenstands des Patents Erwähnung zu tun. Nach § 4 der Ausführungsbestimmungen zur Verordnung betr. die Eintragung von Patenten, sind in der Verzeichnisspalte die Patentrechte einzutragen. Aber logisch muß man auch im japanischen Recht das Patentrecht und den Gegenstand des Patents voneinander scheiden. Die Praxis folgt denn auch der strengen Unterscheidung, so daß in der Verzeichnisspalte, wie in Deutschland, die patentfähige Erfindung als Gegenstand des Patents eingetragen wird.

Die patentfähige Erfindung muß, wie nach deutschem Recht, neu und gewerblich verwertbar sein, und darf auch nicht bestimmte negative Eigenschaften haben, die wiederum mit den negativen Erfordernissen des § 1 II D. PG. übereinstimmen. Das J. PG. sieht aus demselben Grunde wie das D. PG. von einer Definition für die Erfindung ab und bestimmt deshalb lediglich, daß, wer eine neue gewerbliche Erfindung macht, für die Erfindung ein Patent erteilt erhalten kann (§ 1 des J. PG.). Die Rechtslehre wandelt ungefähr auf denselben Wegen wie in Deutschland [34]).

Über die Neuheit bestimmt das J. PG. § 4 wörtlich: Neu im Sinne dieses Gesetzes ist eine Erfindung, auf die nicht einer der folgenden Fälle zutrifft: 1. Wenn die Erfindung vor der Anmeldung zum Patent in Japan schon öffentlich bekannt oder öffentlich benutzt ist; 2. Wenn die Erfindung schon vor der Anmeldung zum Patent in einer im Inland

---

[33]) Wassermann S. 33/4.

[34]) Vgl. Jizuka S. 15.

verbreiteten Druckschrift derart beschrieben ist, daß ihre Ausführung leicht möglich ist. Es wird also positiv bestimmt, daß neu im Sinne dieses Gesetzes ist..... Damit ist deutlich gesagt, daß, wenn einer dieser Fälle nicht vorliegt, die Neuheit der Erfindung feststeht, während in § 2 des D. PG. darüber Streit herrscht, ob es außer den dort angeführten Fällen noch andere gibt, die die Neuheit ausschließen[35]). Demgegenüber ist die Aufzählung des § 4 des J. PG. erschöpfend, was m. E. als ein Vorzug anzusehen ist.

Über die gewerbliche Verwertbarkeit hat das J. PG., ebenso wie das deutsche, keine Bestimmung. Das Wort wird in Japan, ebenso wie in Deutschland, im weiteren Sinne ausgelegt[36]). Nach § 3 des J. PG. sind von der Patentierung ausgeschlossen: Getränke, Nahrungs- und Genußmittel, Arzneien und ihre Fabrikation, Stoffe, die auf chemischem Wege hergestellt sind, und Erfindungen, die gesetz- und sittenwidrig, sowie gesundheitsschädlich sein können.

B. Musterrolle.

1. Deutschland.

Gegenstand der Musterrolle ist das bestimmte Erfordernisse voraussetzende Modell, nämlich das Gebrauchsmuster (§ 3 I GebrMG.). Das Gesetz umschreibt zwar die Merkmale des Gebrauchsmusters, gibt aber keine Definition. Die Umschreibung des Gesetzes ist auch nicht vollständig. § 1 des GeschmMG. z. B. spricht außer von Modellen noch von Mustern, es kennt außerdem die Merkmale der Neuheit und Eigentümlichkeit, was alles im GebrMG. keine ausdrückliche Erwähnung gefunden hat. Auch daß sich der Schutz nur auf gewerbliche Erzeugnisse erstrecken soll, wie § 1 GeschmMG. und § 1 des PG. aussprechen, ist im GebrMG. nicht gesagt, es fehlt weiter eine dem § 1 II des PG. entsprechende gesetzliche Bestimmung.

Deshalb entstehen nunmehr folgende Fragen: Was ist unter „Modell" zu verstehen, ist für dieses Eigentümlichkeit erforderlich, welches ist hier der Begriff der Neuheit, ist gewerbliche Verwertbarkeit nötig, und endlich: sind gesetz- und sittenwidrige Erzeugnisse und Nahrungsmodelle vom Schutze ausgeschlossen?

1) Zunächst über den Begriff des Modells. Manche legen das Wort Modell ebenso aus wie im GeschmMG. und schließen danach „flache" Muster von allem Schutze aus[37]). Die herrschende Ansicht[38]) dagegen

---

[35]) S. oben S. 27 Anm. 32.

[36]) Yamamura S. 9ff., Yoshihara PR. S. 13f. Vgl. auch Osterrieth S. 76, Wassermann, Patent S. 33ff.

[37]) Stenglein Nr. 1, Fuld in GR. 02, 183, früher auch Seligsohn 3. Aufl. S. 416.

[38]) Allfeld a. a. O. S. 379, Seligsohn a. a. O. S. 448, Osterrieth

begreift unter Modellen im Sinne des GebrMG. die Muster und Modelle des GeschmMG. In der Rechtsprechung stehen einige Oberlandesgerichte auf dem ersten Standpunkte[39]), die Mehrzahl der Oberlandesgerichte sowie das Reichsgericht[40]) dagegen auf dem letzteren, den auch der Bericht der Reichstagskommission[41]) teilt.

2) Ist zweitens Eigentümlichkeit oder Eigenartigkeit[42]) (wie im § 1 II des GeschmMG.) auch für die Erzeugnisse des GebrMG. zu fordern?

Die Motive bejahen und führen hierüber aus: „Der Begriff der Neuheit ist im allgemeinen ebenso wie im Patentgesetz festgestellt worden. Es liegt ohne weiteres in diesem Begriffe, daß die Abweichung von bereits bekannten Gestaltungen oder Vorrichtungen eine selbständige, eigenartige sein muß; demgemäß erscheint die Hinzufügung des Wortes „eigentümlich" nicht notwendig[43]).

In der Literatur, auf die noch kurz ein Blick geworfen werden soll, haben Kohler, Dernburg, Crome die Frage nicht berührt. Allfeld[44]), Ebermayer[45]), Gierke[46]), Landgraf[47]), Elster, Osterrieth[48]) und Schanze[49]) halten sämtlich die Eigenartigkeit für ein Erfordernis des Musters. Ebermayer, Gierke und Landgraf leiten das Erfordernis der Eigentümlichkeit von dem

---

a. a. O. S. 171, Crome IV S. 115 Anm. 8, Kohler, Zeitschr. f. GewRechtssch. 3, 129 u. 96, 200, Musterrecht S. 53.

[39]) KG. in Bl. 00, 316, OLG. Hamburg i. Rechtspr. d. OLG. 2, 288.

[40]) OLG. Jena, Bl. 03, 234, OLG. Dresden, Bl. 04, 345, RGZ. 48, 73.

[41]) „Das Modell im Sinne des Gestzes ist eine Darstellung des zu schützenden Gegenstandes, aus welchem die dem Arbeits- oder Gebrauchszwecke dienende Gestalt oder Vorrichtung so deutlich erkennbar ist, daß darüber bei demnächstiger Rechtsverfolgung ein Zweifel nicht entstehen kann." (Ebermayer S. 59.)

[42]) Der Sprachgebrauch ist nicht einheitlich. Die Motive und Gierke S. 42 sprechen von Eigentümlichkeit, Lass, Komm. S. 159 von Originalen oder Eigenartigkeit, Schanze S. 386 kennt neben der Eigentümlichkeit die Ursprünglichkeit, Landgraf und Osterrieth sprechen von Eigenartigkeit. Osterrieth spricht über die Eigenartigkeit wie folgt: Die Gebrauchswirkung muß eigenartig sein, d. h. sich in wesentlicher Weise von der Wirkung anderer Gestaltungen unterscheiden. Der Maßstab für die Beurteilung der Eigenartigkeit ist ein doppelter: ein objektiver, der sich aus dem Gebrauchszweck ergibt, und ein subjektiver, der von der schöpferischen Betätigung des Erfinders des Gebrauchsmusters ausgeht (S. 176). Hier wie Osterrieth.

[43]) Schanze, Das Recht der Erfindungen S. 384.

[44]) S. 370.

[45]) S. 61.

[46]) S. 842 Anm. 7 und 8.

[47]) Patent S. 159.

[48]) S. 169.

[49]) S. 384 ff.

Begriff der Neuheit ab; während Schanze durch ergänzende Interpretation zum Erfordernis der Eigentümlichkeit kommt. Osterrieth führt aus, es könne zwar das Moment der Eigenartigkeit als in dem Erfordernis der Neuheit erblickt werden; da indessen der zeitliche und relative Begriff der Neuheit von der dauernden Eigenschaft zu trennen sei, könne man die eigenartige Wirkung als ein selbständiges Erfordernis des Gebrauchsmusters ansehen (S. 169). Dem ist zuzustimmen.

Die Rechtsprechung erfordert ebenfalls die Eigenartigkeit des Musters, z. B. RGZ. 39, 115; OLG. Frankfurt 4. Mai 1894 (s. Schanze, Recht d. Erf. S. 381).

3) Es fragt sich jetzt, was der Begriff der Neuheit im GebrMG. zu bedeuten hat.

Diejenigen Autoren, die die Eigenartigkeit von der Neuheit ableiten, kennen einen doppelten Begriff der Neuheit: Eigenartigkeit und Unbekanntsein. Andere Verfasser[50]) fordern zur Neuheit nur, daß das Muster z. Zt. der Anmeldung unbekannt sei. Diese Ansicht ist m. E. zutreffend.

Ferner besteht Streit auch über die Auslegung des § 1 Abs. II GebrMG.; ob diese Bestimmung wie im PG. die Fälle, in denen ein Modell als nicht neu anzusehen ist, erschöpfend regelt, oder nicht. Cantor, GebrMG. S. 249 und anscheinend auch Allfeld S. 386 (der für § 2 Abs. 1 des PG. die andere Ansicht vertritt, vgl. oben S. 27) nehmen an, § 1 Abs. II sei nicht erschöpfend. Zahlreiche Verfasser[51]) folgen der anderen Ansicht.

4) Gehört weiter gewerbliche Verwertbarkeit zum schutzfähigen Modell? Gierke S. 842 Anm. 6 und Crome IV S. 117, schließen die Notwendigkeit der Verwertbarkeit aus §§ 1 Abs. I und 4 GebrMG., Kohler, Musterrecht S. 76, Dernburg S. 294, bejahen die Frage ebenfalls, allerdings ohne nähere Begründung.

5) Ob gesetz- und sittenwidrige Modelle schutzfähig sind, ist strittig. Die meisten Autoren[52]) haben die Frage negativ beantwortet. Ebenso aus der Praxis das Patentamt PA. 7. Febr. 1908; M. u. W. 15, 247 und LG. Leipzig, 27. Okt. 1896 Bl. III, 159. Zur Begründung verweist man mitunter auf allgemeine Rechtsgrundsätze, mitunter auf die analoge Anwendung der Vorschriften des Patentgesetzes. M. E. folgt die Antwort aus den allgemeinen, das Rechtssystem beherrschenden Grundsätzen. Daß Rechts- und Sittenwidrigkeit nicht geschützt werden

---

[50]) Dernburg IV S. 295, Kohler, Musterrecht S. 78 ff., Osterrieth S. 169/177.

[51]) Seligsohn, Patent S. 455, Kohler, Muster S. 78 ff., Isay S. 570.

[52]) Kohler, Musterrecht S. 77; Dernburg IV S. 294, Crome IV S. 117 Anm. 18, Seligsohn, Patent S. 458, Allfeld S. 377, Ebermayer S. 60, Gierke I S. 842 Anm. 6.

kann, ist unverbrüchlicher Grundsatz von ewiger Geltung. Osterrieth[53]) und Isay[54]) halten jedoch gesetz- und sittenwidrige Gebrauchsgegenstände für schutzfähig, da es an einer ausdrücklichen gesetzlichen Vorschrift fehle.

6) Gibt es schließlich Gebrauchsmuster für Nahrungs- und Genußmittel? In der Regel werden Nahrungs- und Genußmittel keine zum Musterrecht geeignete Form haben. Man müßte sie aber logisch ihrer Regelung im Patentgesetz entsprechend behandeln, also vom Schutz ausschließen. Diese Ansicht vertreten Kohler, Musterrecht S. 78, Isay S. 564, Allfeld S. 377, Gierke S. 842, Ebermayer S. 66, Seligsohn S. 458. Nur Osterrieth S. 171 lehnt den Analogieschluß zum Patentgesetz ab.

Das Reichsgericht hat in Bl. 6, 185 den Schutz versagt.

b) Damit ist klargestellt, daß das Modell als Gegenstand des Gebrauchsmusterschutzes eigenartig, neu und gewerblich verwertbar sein muß, gesetz- und sittenwidrigen Zwecken nicht dienen und in Nahrungs-, oder Genuß- oder Arzneimitteln nicht bestehen darf. Ob aber alle diese Merkmale dem Modell immanent sind oder nur zu ihm hinzutreten müssen, damit es schutzfähig ist, ist zweifelhaft und in der Literatur mehrfach behandelt.

Einige halten sie für nicht dem Begriffe innewohnend. So Kohler[55]), Dernburg[56]). Andere sagen, Eigenartigkeit und Neuheit gehörten zum Wesen des Modells, nicht aber die anderen Merkmale. So Seligsohn S. 446, Allfeld S. 370. M. E. muß man mit Osterrieth[57]) lediglich die Eigenartigkeit zum Wesen des Modells gehörig erachten. Die übrigen oben genannten Merkmale muß man aber zu Voraussetzungen seines Schutzes erklären. Insoweit dürfte Kohler und Dernburg beizupflichten sein.

2. Japan.

Was soeben für das deutsche Recht erörtert ist, gilt im allgemeinen auch für den Rechtszustand Japans. Gegenstand der Gebrauchsmusterrolle ist das eintragungsfähige Gebrauchsmuster. Doch enthält das Gesetz über dieses wie das Patentgesetz, daß es „neu“ und „gewerblich“ sein müsse. Damit entsteht die soeben behandelte Frage 4 nicht. Auch die Frage 5 scheidet für das japanische Recht aus, da die vom Schutze ausgeschlossenen Muster vom Gesetze aufgezählt sind in § 2: 1. solche, die eine dem Kaiserlichen Chrysanthemum-Wappen gleiche oder ähn-

53) S. 171.
54) S. 558.
55) S. 45 und 76.
56) S. 289.
57) S. 168/9.

liche Gestalt haben; 2. solche, bei denen zu befürchten ist, daß sie der öffentlichen Ordnung oder den guten Sitten zuwiderlaufen oder der Gesundheit schädlich sind.

Ferner sind die Tatsachen, die der Neuheit entgegenstehen, etwas andere als im deutschen Recht. § 3 lautet: Neu im Sinne dieses Gesetzes sind Gebrauchsmuster, auf die nicht einer der folgenden Fälle zutrifft: 1. Gebrauchsmuster, die vor der Anmeldung zur Eintragung in Japan öffentlich bekannt oder öffentlich benutzt oder solche, die diesen ähnlich sind; 2. Gebrauchsmuster, die vor der Anmeldung zur Eintragung in einer in Japan verbreiteten Durckschrift derart beschrieben sind, daß ihre Ausführung leicht möglich ist, oder solche, die diesen ähnlich sind[58]).

C. Musterregister.

1. Deutschland.

Gegenstand des Musterregisters ist das Geschmacksmuster (§§ 7, 2, 6 GeschmMG.). Eine Definition enthält das GeschmMG. so wenig wie die anderen Gesetze. § 1 besagt lediglich: „Das Recht, ein gewerbliches Muster oder Modell ganz oder teilweise nachzubilden, steht dem Urheber desselben ausschließlich zu. Als Muster oder Modelle im Sinne dieses Gesetzes werden nur neue und eigentümliche Erzeugnisse angesehen.“ Die Bedeutung der Worte neu und eigentümlich ist bestritten. Diese Frage soll noch kurz gestreift werden, danach soll dann der Begriff des Geschmacksmusters festgestellt werden.

Über die Bedeutung der Worte Neuheit und Eigentümlichkeit gibt es etwa drei Meinungen:

1) Die erste Ansicht geht dahin: „Eigentümlich“ ist der Gegensatz zur Nachbildung, bedeutet also die individuelle Schöpfung. „Neu“ bedeutet, daß das Muster in dieser Gestalt bisher nicht im Verkehr war[59]).

2) Andere Verfasser stellen neben die „Ursprünglichkeit“[60]) (individuelle Schöpfung) die Eigenartigkeit und sagen, „neu“ im Sinne des § 1 Abs. II des Gesetzes entspreche der Eigenartigkeit, und die Eigentümlichkeit sei in der Ursprünglichkeit enthalten. Neuheit im Sinne des Unbekanntseins beruht auf § 7, II des Gesetzes[61]).

3) Die dritte Ansicht war vertreten von Osterrieth[62]). Danach ist „Eigenart“ der Oberbegriff für die Neuheit und Eigentümlichkeit im

---

[58]) Näheres Jizuka S. 53 ff.

[59]) Vgl. Crome IV, 82 f., Gierke S. 832 f., Riezler S. 465, Ebermayer S. 193.

[60]) Österreichisches Patentgesetz vom Dezember 1858: Derjenige, der ein Muster ursprünglich zustande gebracht hat, ist allein berechtigt. . . .

[61]) Schanze, Rechte der Erfindungen S. 360 ff., insbes. 370, Allfeld S. 310 ff., Dambach, Mustergesetz S. 20.

[62]) S. 224.

Sinne des Gesetzes. Die Neuheit wiederum erschöpft sich nicht in dem Merkmal des zur Zeit der Anmeldung Nichtverbreitetseins, sie deutet vielmehr auch auf die Priorität der Urheberschaft hin.

Was nun den Begriff des Geschmacksmusters betrifft, so wollen manche, wie beim Gebrauchsmuster, Neuheit und Eigentümlichkeit dem Muster immanent sein lassen. So definiert Allfeld: Ein gewerbliches Muster im Sinne des gegenwärtigen Gesetzes ist jedes neue und eigentümliche Vorbild für die Gestaltung eines Industrieerzeugnisses, sofern es dazu bestimmt und geeignet ist, den Geschmack, den Formensinn anzuregen. (S. 308.) Ebenso Seligsohn[63]), Ebermayer[64]). Andere schließen beide Merkmale vom eigentlichen Begriffe aus. So z. B. enthalten Kohlers und Dambachs Definitionen von der Neuheit und Eigentümlichkeit nichts. Kohler: Muster im Sinne dieses Gesetzes ist eine Formgestaltung, welche dem Schönheitswerte von Gebrauchsgegenständen dienen soll. (Musterrecht S. 45.) Dambach: Alle Vorbilder für die Form von Industrieerzeugnissen, sofern diese Vorbilder zugleich dazu bestimmt oder geeignet sind, den Geschmack oder das ästhetische Gefühl zu befriedigen. (Mustergesetz 16).

Mit Osterrieth[65]) dürfte der Mittelweg das richtige treffen. Danach gehört die Eigenartigkeit zum Begriff, die Neuheit muß nur als weitere Voraussetzung dafür hinzukommen[66]), daß das Muster den gesetzlichen Schutz genießt.

Den Begriff kann man danach ungefähr so fassen, daß das Muster das eigenartige, nicht dem Gebrauchszweck dienende Vorbild ist.

Um schutzfähig zu sein, muß zu dem Muster die Neuheit, die gewerbliche Verwertbarkeit, sowie weiter hinzukommen, daß gesetz- oder sittenwidrige Zwecke mit ihm nicht verfolgt werden[67]). Vgl. oben beim Gebrauchsmuster.

2. Japan.

Nach japanischem Recht ist Gegenstand des Musterregisters ebenfalls das Geschmacksmuster. Über den Begriff des Geschmacksmusters hat das Gesetz keine Definition gegeben, weshalb er der Rechtslehre überlassen ist. Man verfolgt etwa dieselben Gedankengänge wie in Deutschland.

---

[63]) PG. S. 446.

[64]) S. 192.

[65]) S. 224 und 169.

[66]) Wenn Osterrieth S. 224 in die Definition des Gegenstandes des Geschmackmusters die Neuheit aufgenommen hat, so erklärt sich das dadurch, daß Osterrieth a. a. O. von dem durch das Gesetz geschützten Begriff spricht.

[67]) Zustimmend: Riezler S. 462, Kohler S. 77, Neuburg S. 15; abweichend: Osterrieth S. 231.

Das Gesetz hat in § 2[68]) bestimmt, welche Muster nicht eintraggungsfähig sind, wodurch im Verhältnis zu Deutschland einige im deutschen Recht streitige Fragen positivrechtlich gelöst sind, z. B. genießen gesetz- und sittenwidrige Muster keinen Schutz.

§ 3 des J. GeschmMG. bestimmt anders als § 7 II des D. Geschm.-MG. die Fälle, deren Vorliegen die Neuheit ausschließen, erschöpfend dahin: „Neu im Sinne dieses Gesetzes sind Muster, auf die nicht einer der folgenden Fälle zutrifft: 1. Muster, die in Japan vor der Anmeldung zur Eintragung öffentlich bekannt oder öffentlich benutzt, oder solche, die diesen ähnlich sind; 2. Muster, die vor der Anmeldung zur Eintragung in einer in Japan verbreiteten Druckschrift derart beschrieben sind, daß ihre Ausführung leicht möglich ist, oder solche, die diesen ähnlich sind. Ist das Muster nur dem eigenen Muster ähnlich, so gilt es als neues Muster."

D. Zeichenrolle.

1. Deutschland.

Das D. WZG. unterscheidet Warenzeichen und Warenbezeichnung. Das Warenzeichen fällt unter den Oberbegriff der Warenbezeichnung, die des weiteren noch Name und Firma sowie die Ausstattung in sich enthält[69]). Gegenstand der Zeichenrolle ist das Warenzeichen. §§ 1 und 3 WZG.

Das Warenzeichen wird vom Gesetz nicht definiert. In der Kommission des Reichstags wurde hervorgehoben, § 1 müsse klar erkennen lassen, was als Warenzeichen anmeldungsfähig sei, die negativen Erläuterungen des § 4 genügten nicht. Seitens der Regierung wurde jedoch hiergegen bemerkt, was unter den Begriff eines Warenzeichens falle, sei sprachlich feststehend, eine Definition aber ebenso unmöglich, wie eine solche des Begriffes der Erfindung. (Ber. 2, Bl. 1, 42)[70]).

In der Literatur begnügt sich ein Teil der Schriftsteller damit, anstelle einer Definition einige Merkmale des Warenzeichens herauszugreifen und zu erklären[71]). Andere, die eine Begriffsbestimmung geben, gehen wiederum von verschiedenen Ausgangspunkten aus und kommen auch dem Umfange der Definition nach zu verschiedenem Ergebnis.

---

[68]) Folgende Muster werden nicht eingetragen: 1. solche, die in Form oder Muster dem Kaiserlichen Chrysanthemum-Wappen gleich oder ähnlich sind; 2. solche, bei denen zu befürchten ist, daß sie der öffentlichen Ordnung oder den guten Sitten zuwider laufen; 3. solche, von denen zu befürchten ist, daß sie eine Täuschung des Publikums herbeiführen.

[69]) Seligsohn, Zeichen S. 34, Osterrieth S. 288.

[70]) Vgl. Finger S. 16.

[71]) z. B. Kohler, Warenzeichen S. 72, Gierke I S. 731 ff., Elster S. 372 ff.

1) Kent[72]) und Ebermayer[73] stützen sich auf die Praxis der Rechtsprechung, Finger[74]) und Seligsohn[75]) ziehen den allgemeinen Sprachgebrauch und § 1 des Gesetzes heran, Busse[76]) entnimmt seine Definition lediglich § 1. Pinzger[77]) hält für eine Definition § 12 des Gesetzes für ergiebiger als § 1.

2) Am ausführlichsten nach verschiedenen Richtungen hin ist die Definition Fingers[78]) und Ebermayers[79]). Sie enthält a) die Gestalt des Zeichens, b) den Ursprungszweck, c) den Unterscheidungszweck, d) die Geeignetheit zur Kennzeichnung und Unterscheidung.

Die einfachste Definition ist die Cromes[80]) und Busses[81]). Sie geht in der Hauptsache vom Unterscheidungszweck aus.

Dazwischen liegen etwa die Begriffsbestimmungen von Dunkhase[82]), Kent[83]) und Seligsohn[84]). Von ihnen legt Dunkhase mit gleichem Nachdruck das Gewicht auf den Ursprungs- als auch den Unterscheidungszweck, Kent und Seligsohn betonen mehr den Unterscheidungszweck neben dem Ursprungszweck.

Fingers Definition erscheint mir zu ausführlich und läßt durch die Fülle der aufgestellten Merkmale die Hauptpunkte, die sich an jedes Warenzeichen knüpfen, nicht klar genug erkennen. Cromes und Busses Definition wiederum enthalten nicht alle für das Warenzeichen

---

72) Zeichen S. 19.

73) S. 209. 74) S. 17. 75) S. 34. 76) S. 40. 77) S. 32.

78) Warenzeichen im Sinne dieses Gesetzes, d. h. nach ihm schutzberechtigte, sind von einem Geschäftstreibenden frei gewählte, im wesentlichen entweder sofort ihrem Umfange nach wahrnehmbare und mit einem Blick erfaßbare Figuren- oder Wortzeichen, oder Wortzeichen von individuellem Begriff, Laut- oder Klangwert, die Waren als dem bestimmten Geschäftstreibenden ausschließlich zugehörige, das ist von ihm hergestellte oder in den Verkehr gebrachte, aus seinem Geschäft stammende, kenntlich machen (Ursprungszweck) und zugleich von den Waren anderer Geschäftstreibenden deutlich unterscheiden sollen (Unterscheidungszweck), und die zu dieser Kennzeichnung und Unterscheidung auch objektiv nach ihrer Gestaltung oder ihrem Begriff, Laut- bzw. Klangwert geeignet erscheinen. WZG. S. 17.

79) Vgl. S. 209.

80) IV S. 123. Warenzeichen oder Marken sind Zeichen, die ein Gewerbetreibender an seinen Waren oder deren Verpackung zur Unterscheidung von den Waren seines Konkurrenten anbringt und mit den eigenen Produkten in Verkehr setzt.

81) Vgl. S. 40.

82) in M. u. W. 1915 S. 183.

83) Das Warenzeichen ist ein willkürlich von einer bestimmten Person gewähltes, mit dem Auge in allen seinen wesentlichen Bestandteilen sofort wahrnehmbares Merkmal, welches zur Unterscheidung der aus dem Geschäftsbetriebe seines Inhabers herrührenden Waren von den Waren anderer bestimmt ist. RG. zum Schutz der Warenbezeichnungen S. 19.

84) Warenzeichen sind nur solche willkürlich gewählte Zeichen, welche im Geschäftsbetriebe zur Unterscheidung der Waren des Anmelders von den Waren anderer dienen sollen. WZR. S. 34.

in Betracht kommenden Gesichtspunkte. Dem Begriff des Warenzeichens werden daher am ehesten gerecht die Definitionen von Dunkhase, Kent und Seligsohn, die mit wenigen Worten die Hauptmerkmale zutreffend hervorheben. Mißverständlich ist nur, daß Dunkhase Gebrauch des Zeichens zum Begriff erfordert, denn einen Benutzungszwang gibt es im Gegensatz zum japanischen Recht nicht[85]).

Gleichviel welcher Ansicht man hinsichtlich der Bestimmung des Begriffs des Warenzeichens folgt, muß zur Erlangung des Schutzes hinzukommen:

1) daß das Zeichen gegenüber der Ware selbständig, ferner in sich geschlossen und vor allem unterscheidungskräftig gegenüber anderen Zeichen ist[86]). Das Vorhandensein eines Geschäftsbetriebes und von Ware, die gekennzeichnet werden soll, ist selbstverständlich vorausgesetzt;

2) daß folgende negative Erfordernisse vorliegen: das Zeichen darf nicht gesetz- oder sittenwidrig sein, es darf dem Kennzeichnungszweck nicht widersprechen, daher sind z. B. Freizeichen ausgeschlossen. § 4 WZG. Das Zeichen darf auch nicht für andere bereits eingetragen sein (vgl. im einzelnen § 5 WZG.).

3) Fraglich ist, ob erforderlich ist, daß das Zeichen neu ist. In dem Sinne, daß es nicht schon zugunsten eines anderen für gleiche oder gleichartige Waren eingetragen sein darf, ist das Erfordernis der Neuheit zu bejahen[87]), in dem Sinne dagegen, daß es bis zur Eintragung unbekannt gewesen sein muß[88]), wird Neuheit nicht gefordert.

2. Japan.

Abweichend vom deutschen Recht kennt das japanische Recht die Unterscheidung zwischen Warenbezeichnungen und Warenzeichen nicht. Nach japanischem Gesetz sind Warenzeichen nur die „eigentlichen" Warenzeichen, formlose Warenbezeichnungen werden nicht geschützt[89]). Den Begriff des Warenzeichens definieren manche unter Berufung auf § 1 Abschn. 1 J.WZG. dahin, daß das Warenzeichen ein Zeichen sei, welches von jemand für Waren benutzt wird, um dieselben als von ihm herrührende Erzeugnisse, Anfertigungen, Bearbeitungen, Auswahl, Überprüfungen, Behandlungen oder Verkäufe zu bezeichnen[90]). Andere

---

85) Seligsohn, Zeichen S. 172, Jizuka S. 70.

86) Vgl. Osterrieth S. 290f., Kohler, Zeichen S. 73.

87) Crome IV S. 126, Kohler, Zeichen S. 77.

88) Landgraf, Zeichen S. 5, Kent, Zeichen S. 25, Seligsohn, Zeichen S. 37, Finger S. 21.

89) Jizuka S. 72.

90) Yoshihara, Warenzeichenrecht S. 11.

stützen sich auf § 1 Satz 1 und 2[91]) und sagen: Unter Warenzeichen verstehe man das Zeichen, welches aus Buchstaben, Bildern, Kennzeichen oder einer Verbindung von solchen besteht und zu dem Zwecke benutzt wird, um Waren jemanden als von ihm herrührende Erzeugnisse, Anfertigungen, Bearbeitungen, Auswahl, Überprüfungen, Behandlungen oder Verkäufe zu bezeichnen[92]).

Nach dem D. WZG. kann das Warenzeichen bestehen aus Wörtern, Bildern oder einer Verbindung von solchen. Im japanischen Recht dagegen heißt es in § 1 Abs. 2, daß es außer aus Schriftzeichen und bildlichen Darstellungen auch aus einem Kennzeichen[93]) oder aus einer Verbindung solcher Merkmale von unterscheidender Eigenart bestehen kann. Ferner kommt hinzu, daß das Warenzeichen auch lediglich in einer bestimmten Farbe bestehen kann (§ 1 Abs. III J. WZG.), ein Fall, den das deutsche Gesetz nicht ausdrücklich erwähnt, der aber im allgemeinen als schutzfähiger Gegenstand angesehen wird[94]).

In den Versagungsgründen des japanischen Gesetzes, die ungefähr dem § 4 des deutschen Gesetzes entsprechen, werden Ausstellungsmedaillen oder Diplome ausdrücklich als schutzunfähig aufgeführt. Das deutsche Gesetz enthält eine ausdrückliche Bestimmung über sie nicht, doch geht die Praxis davon aus, daß sie nur als Teil eines Warenzeichens eintragungsfähig sind, da sie anderenfalls kein Zeichen, sondern nur als Anzeige der zuteil gewordenen Prämiierung anzusehen sind[95]).

Schutzunfähig sind nach japanischem Recht weiter solche Warenzeichen, die dem Warenzeichen eines Vorbenutzers gleich oder ähnlich sind. Dies beruht auf dem im japanischen Recht anerkannten Rechte des Vorbenutzers eines Warenzeichens[96]).

III. Stellt man die einzutragenden Gegenstände im Gebiete des Grundbuchrechts Deutschlands und Japans gegenüber, so ergibt sich, daß in beiden Ländern das Grundstück der einzutragende Gegenstand ist, in Deutschland außerdem abweichend von Japan das Erbbaurecht und ähnliche juristische fundi, in Japan abweichend von Deutschland noch besonders die Gebäude.

---

[91]) § 1 lautet: Wer das ausschließliche Benutzungsrecht für ein Warenzeichen erlangen will, um damit Waren als von ihm selbst erzeugt, angefertigt, bearbeitet, ausgesucht, geprüft, behandelt oder verkauft zu bezeichnen, kann hierfür ein Warenzeichen eingetragen erhalten.

Ein eintragungsfähiges Warenzeichen muß aus Schriftzeichen, einer bildlichen Darstellung, einem Kennzeichen oder aus einer Vereinigung solcher Merkmale von unterscheidender Eigenart bestehen.

[92]) Murayama S. 355, Fujie S. 1.

[93]) Vgl. Jizuka S. 72 Anm. 23.

[94]) Vgl. Kohler, Zeichen S. 74, Seligsohn, Zeichen S. 57.

[95]) Seligsohn, Zeichen S. 35, 39.

[96]) Näheres s. unten S. 102 ff.

Überblickt man die ganzen Rollen und ihre eintragungsfähigen Gegenstände, so ergibt sich folgendes einheitliches Bild: in beiden Ländern ist Gegenstand der Patentrolle die Erfindung, der Musterrolle das Gebrauchsmuster, des Musterregisters das Geschmacksmuster, der Warenzeichenrolle das Warenzeichen, die sämtlich Immaterialgüter sind[97]; nur dem Warenzeichen legen einige Autoren nicht die Eigenschaft eines Immaterialgutes bei.

Kapitel 2.

Einzutragende Rechte.

I. Grundbuch.

Sowohl in Deutschland wie in Japan sind die einzutragenden Rechte grundsätzlich die Liegenschaftsrechte. Verschieden aber in beiden Ländern sind die Ausnahmen von diesem Grundsatz, verschieden sind auch die Arten der Liegenschaftsrechte.

Wir gehen zunächst vom deutschen Recht aus.

Nach dem D. BGB. sind einzutragende Rechte: Eigentum, Erbbaurecht, Dienstbarkeiten (Grunddienstbarkeiten, beschränkt persönliche Dienstbarkeiten und Nießbrauch), Vorkaufsrecht, Reallasten, Hypotheken, Grundschulden und Rentenschulden. Pfandrecht an Grundstücken und dingliches Zurückbehaltungsrecht sind dem D. BGB. unbekannt[1]. Nach besonderen Reichs- und Landesgesetzen (bei letzteren kraft Vorbehalts im EGBGB.) gibt es noch andere einzutragende Rechte: z. B. das dingliche Wiederkaufsrecht (§ 20ff. des Reichssiedlungsgesetzes vom 1. Aug. 1919); Familienfideikommiß, Lehen, Stammgut, Bergrecht kraft Landesrechts[2].

Ausnahmsweise sind nicht eintragungsfähig, obwohl es sich um Liegenschaftsrechte handelt: Besitzrecht, Notwegrecht (§ 917), Überbaurecht (§§ 912, 914 D. BGB.) Der Grund ist, daß die Berechtigten die tatsächliche Herrschaft im Umfange ihres Rechts ausüben müssen, so daß der Publizitätszweck ihres Rechtes erreicht ist, wodurch die diesem Zwecke dienende Eintragung überflüssig wird[3].

Gibt es umgekehrt auch einzutragende Rechte, die nicht Liegenschaftsrechte sind?

---

97) Vgl. unten S. 46f.

1) Planck III S. 110, Güthe S. 204.

2) Zusammenstellung z. B. bei Fischer, GBO. ad § 13 A. 1; Güthe S. 205, Turnau II S. 94, 216.

3) Vgl. Wolff, Sachenrecht S. 14f., 162; derselbe, Der Bau auf fremdem Boden, insbesondere der Grenzüberbau S. 104. J. Gierke begründet die Nichteintragungsfähigkeit des Besitzes damit, daß der Besitz kein „Vollrecht" gewähre. Dieser Ausgangspunkt ist unrichtig.

Einige Zivilrechtler wie Heymann[4]) und Planck[5]) halten die obligatorischen Ansprüche des § 883 BGB. hierher gehörig. Man faßt diese Rechte aber besser als Vorstufe zur dinglichen Rechtsänderung auf[6]), weshalb sie im Kapitel über Rechtsänderung behandelt werden.

Im japanischen Recht gibt es nach der GBO. und BGB.[7]) folgende eintragungsfähige Rechte: Eigentum, Superficies, Emphyteusis, Grunddienstbarkeiten, Vorzugsrecht (privilegium exigendi), Pfandrecht an Grundstücken und Hypothek.

Die Superficies des japanischen Rechts ist das Recht, das Grundstück eines anderen zu dem Zwecke zu benutzen, um darauf ein Bauwerk, Bambus oder Bäume zu haben (§ 265). Das Erbbaurecht des deutschen Rechts bezieht sich nur auf das Halten von Gebäuden auf dem Grundstück. Zum Begriff des Erbbaurechts gehört nach deutschem Recht das Vorhandensein eines Gebäudes. Der Umfang des Rechts reicht soweit, als die Benutzung des fremden Grundstücks zum Halten des Gebäudes notwendig und dem Berechtigten nützlich ist. Im japanischen Recht gibt es dagegen das Erbbaurecht auch ohne Gebäude. Auch der Umfang des Rechts ist daher nicht mit der Benutzung des Gebäudes verknüpft.

Die Superficies hat ihren Ursprung im römischen Recht, und wurde vom Praetor entwickelt, um den strengen Grundsatz „superficies solo cedit" abzuschwächen. Die deutsche (§ 1012) und französische (§§ 579, 559) Superficies beruht auf diesen selben Vorstellungen. Das japanische Recht dagegen, dem der Grundsatz „superficies solo cedit" von Anfang an unbekannt war (nicht nur an Gebäuden, sondern auch an Bäumen war selbständiges Eigentum möglich), hat kraft Gewohnheit ein eigenes Rechtsinstitut entwickelt[8]), das heute ebenfalls den Namen Erbbaurecht trägt[9]).

Die Emphyteusis (Erbpachtrecht) ist nach J. BGB. das Recht, gegen Entrichtung eines Entgelts auf dem Grundstück eines anderen Ackerbau oder Viehzucht[10]) zu treiben (§ 270). Bezüglich des Rechts der Grundstücksbenutzung ist die Emphyteusis gleich der Superficies. Aber der Inhalt der Benutzung ist ein anderer als der der Superficies.

Die Emphyteusis ist ein altes japanisches Rechtsinstitut, das auf

---

4) Im Handwörterbuch der Staatswissenschaft V S. 342.

5) S. 109.

6) So z. B. auch Isay S. 445.

7) In anderen Gesetzen sind eintragungsfähige Rechte nicht geregelt.

8) Deshalb hat der Gesetzgeber alte Gewohnheiten respektiert und mehrere Pakte der Gewohnheit überlassen, §§ 268, 269.

9) Vgl. Nakajima II S. 481 ff., Hatoyama, Sachenrecht I S. 302 ff., Suehiro, Sachenrecht II S. 470 ff.

10) Anderen Zwecken, z. B. der Fischerei, kann die Erbpacht nicht dienen.

gewohnheitsrechtlicher Bildung beruht, und das nach Aufnahme der Emphyteusis des römischen Rechts mit dessen Grundsätzen gemischt kodifiziert wurde[11]), deshalb hat das Gesetz in vielfacher Hinsicht das Gewohnheitsrecht, das sich gebildet hatte, aufrecht erhalten; vgl. §§ 278, 279 BGB. Der Hauptunterschied der gesetzlichen Regelung, die die Emphyteusis im J. BGB. gefunden hat, zum alten Gewohnheitsrecht ist einmal der, daß das Gesetz die Erbpacht zweifellos als dingliches Recht auffaßt, während diese Rechtsnatur im Gewohnheitsrecht nicht sicher und oft zweifelhaft war, und ferner der, daß die Dauer der Erbpacht des BGB. einer zeitlichen Beschränkung unterliegt[12]), die das frühere Gewohnheitsrecht nicht kannte.

Die Grunddienstbarkeit entspringt dem römischen Recht. Die Präsidialservituten wurden im großen ganzen rezipiert. Nicht aber nahm das japanische Recht auch die Personalservituten auf, da diese das heimische japanische Recht auch in ähnlicher Gestalt[13]) nicht entwickelt hatte, so daß sie nur als Fremdkörper im japanischen Recht empfunden worden wären. Für die Präsidialservituten wurde etwas gewohnheitsrechtliche Bildung vorgefunden[14]). Eine nennenswerte Rolle spielt in der Praxis dieses Rechtsinstitut aber nicht.

Das dingliche Vorzugsrecht gewährt dem Berechtigten das Recht, aus dem Vermögen des Schuldners für seine Forderung vor den anderen Gläubigern Befriedigung zu erhalten (§ 303 J. BGB.). Es gibt drei Arten der Vorzugsrechte: das allgemeine Vorzugsrecht, das in Ansehung des gesamten Vermögens des Schuldners besteht, das Vorzugsrecht, das nur an den beweglichen, und dasjenige, das nur an den unbeweglichen Sachen des Schuldners besteht. Eintragungsfähig sind jedoch nur das erste[15]) und letzte der Vorzugsrechte.

Das Vorzugsrecht hat sein Vorbild im privilegium exigendi des römischen Rechts, das allerdings von anderer Rechtsnatur und geringem Umfang seiner Wirkungen war. In Frankreich hat man dem privilegium exigendi ein erweitertes Anwendungsgebiet gegeben und es seiner rechtlichen Natur nach verdinglicht. Aus Frankreich hat das japanische Recht das Vorzugsrecht sodann übernommen[16]). In Deutschland hat das

---

[11]) Vgl. Nakajima a. a. O. S. 509 f., Hatoyama a. a. O. S. 329.

[12]) Vgl. § 278.

[13]) Auch ein dem Nießbrauch ähnliches Rechtsinstitut ist dem japanischen Recht unbekannt.

[14]) Vgl. Nakajima a. a. O. S. 536 f., Hatoyama a. a. O. S. 333.

[15]) Zwar fehlt über die Eintragbarkeit des allgemeinen Vorzugsrechts eine ausdrückliche Bestimmung, aber man kann aus den Worten „auch wenn es nicht eingetragen ist" (§ 336) seine Eintragbarkeit ableiten. So auch Nakajima, Sachenrecht II S. 644 f.

[16]) Nakajima a. a. O. S. 639 f., Hatoyama, Sachenrecht II S. 52.

Vorzugsrecht seine Stellung in der Konkursordnung gefunden, wo es den bevorrechtigten Konkursgläubigern verliehen ist[17]. Das Vorzugsrecht besteht im deutschen Recht sonach nicht als besonders subjektives Recht des Privatrechts, sondern lediglich als Bevorrechtigung im Vollstreckungsverfahren.

Nach deutschem Recht gibt es kein Besitzpfandrecht an unbeweglichen Sachen. Im J. BGB. hingegen gibt es außer der Hypothek noch ein mit Besitz verbundenes Pfandrecht an unbeweglichen Sachen (§§ 356 bis 361). Dieses Rechtsinstitut beruht auf alter japanischer Entwicklung[18]; im praktischen Leben ist es nicht allzu häufig, es überwiegt die Hypothek, die, wie im deutschen Recht, nicht mit Besitz verbunden ist.

Ausnahmsweise sind folgende dingliche Rechte nicht eintragungsfähig: Besitzrecht und Retentionsrecht. Das Retentionsrecht ist nach J. BGB. das Recht, eine im Besitz des Schuldners befindliche fremde Sache wegen einer fälligen Forderung bis zur Befriedigung dieser Forderung zurückzubehalten (295). Das Retentionsrecht ist sonach an den Besitz geknüpft, also durch eine äußerlich wahrnehmbare Tatsache begründet, deshalb braucht es nicht besonders durch Eintragung offenkundig gemacht zu werden[19]. Im Gegensatz zum schweizerischen Recht[20] beschränkt sich das Retentionsrecht nicht auf bewegliche Sachen[21], aber übereinstimmend bestimmt das japanische Recht das Retentionsrecht als Sachenrecht. Die historische Wurzel ist die exceptis doli des römischen Rechts[22]. Nach dem D. BGB. § 273 ist das Retentionsrecht, das seine Stellung im Schuldrecht hat, kein dingliches Recht.

Das J. BGB. kennt die dem D. BGB. §§ 912, 914, 917[23] entsprechenden Ausnahmen nicht. Aber das Gebäudeschutzgesetz bestimmt im § 1, daß ein Berechtigter, dessen Erbbaurecht das Eigentum an Gebäuden zum Inhalt hat, sofern er auf dem Grundstück das eingetragene Gebäude zum Eigentum hat, zur Geltendmachung des Erbbaurechts gegen Dritte nicht der Eintragung bedarf.

Umgekehrt sind auch nicht-dingliche, obligatorische Rechte eintragbar. Die Miete an Liegenschaften ist ebenso wie in Deutschland auch im J. BGB. kein dingliches Recht. Weil aber das Rechtsverhältnis hier großen Einfluß auf die Interessen Dritter ausübt, kann es eingetragen

---

17) § 61 KO.

18) Nakajima a. a. O. S. 938 f., Hatoyama, Sachenrecht II S. 210.

19) Vgl. Nakajima II S. 43, Suehiro, Sachenrecht I S. 120, Umé, Sachenrecht S. 13.

20) § 895 Schweiz. Zivilgesetzbuch.

21) Nakajima a. a. O. S. 602, Hatoyama a. a. O. S. 19.

22) Hatoyama, Sachenrecht II S. 17 f.

22) S. oben S. 39.

werden, und soweit es eingetragen ist, wird es so behandelt wie ein dingliches Recht (BGB. § 605, 395). In diesen Punkten weicht daher das japanische vom deutschen Recht grundsätzlich ab.

II. Rollen.

A. Patentrolle.

Nach deutschem Recht ist einzutragendes Recht das Patentrecht. Das Patentrecht ist das ausschließliche Recht, das eine Erfindung zum Gegenstand hat und nach § 4 PG. die Wirkung hat, daß der Patentinhaber den Gegenstand der Erfindung gewerbsmäßig herstellen, in Verkehr bringen, feilhalten oder gebrauchen kann. Daß der Begriff des Gegenstandes der Erfindung bestritten ist, ist schon oben ausgeführt[24]).

Als Rechte am Patentrecht gibt es Nießbrauch, Pfandrecht und Lizenz; und zwar Nießbrauch und Pfandrecht nach PG. § 6, BGB. §§ 1068ff., 1273ff., die Lizenz nach §§ 6, 11 PG. Das Lizenzrecht ist ein der Pacht ähnliches, das Recht des Patentinhabers einschränkendes Nutzungsrecht an dem Patentrecht. Nach deutschem Recht kann die Lizenz ihrer Rechtsnatur nach obligatorisch oder dinglich sein. Es fragt sich für uns, ob diese Rechte eintragbar sind. Die Praxis[25]) und die allgemeine Ansicht des Schrifttums[26]) verneinen diese Frage. Dagegen hat Kohler[27]) den Nießbrauch und das Pfandrecht (nicht auch die Lizenz) für eintragungsbedürftig gehalten[28]); Osterrieth sagt über den Nießbrauch, im Falle der Eintragung erlange der Nießbraucher die Stellung des Patentinhabers[29]), damit erkennt er also die Eintragungsfähigkeit des Patentnießbrauchers an; bezüglich des Pfandrechts äußert sich Osterrieth nur dahin, daß es zur Wirkung gegenüber dem Patentamt und Dritten der Kenntnisgabe an das Patentamt bedürfe, bezüglich der Eintragung des Lizenzrechts finden sich überhaupt keine näheren Ausführungen. Isay[30]) nimmt Eintragungsbedürftigkeit aller dieser Rechte an:

Die Bestellung des Nießbrauchrechts und Pfandrechts bestimmt sich nach §§ 1069 und 1274 BGB. nach den Grundsätzen für die Übertragung des Pfandrechts, die durch formlosen Vertrag stattfindet[32]). Nach § 19 Abs. II ist für die Übertragung des Patentrechts allerdings

---

[25]) S. 23ff.

[26]) Damme S. 99, Seligsohn, Patentrecht S. 277, Riezler S. 99f., Kent, Patentgesetz II S. 33, Elster S. 337, Lutter S. 185, Kisch S. 283, Wassermann S. 93.

[27]) Mit Rücksicht auf § 19 II PG.

[28]) Handbuch S. 537, Lehrbuch S. 181ff.

[29]) S. 110.

[30]) S. 414.

[32]) S. unten S. 95ff.

die Eintragungsfähigkeit zu Zwecken der Legitimation anerkannt, diese Vorschrift ist aber nach ihrem Wortlaut und Sinn, der einen Personenwechsel des Patentinhabers voraussetzt, nicht anwendbar für die Rechte des Nießbrauchs, Pfandrechts und der Lizenz, so daß deren Eintragungsfähigkeit abgelehnt werden muß. Dieser Rechtszustand läßt sich vergleichen mit der geschichtlichen Entwicklung, den die Eintragungsfähigkeit der Sachenrechte genommen hat. So wie die beschränkten dinglichen Rechte am Grundstück sich nach und nach die Eintragungsfähigkeit erobert haben[33]), drängen auch die beschränkten Rechte am Patentrecht zur Eintragungsfähigkeit, die ihnen der geltende Rechtszustand allerdings noch nicht einräumt.

Nach japanischem Recht sind eintragungsfähig nicht nur das Patentrecht, sondern auch das Pfandrecht[34]) und die Lizenz[35]). Inhalt und Wirkungen des Patentrechts sind nach § 35 J. PG. dieselben wie nach § 4 D. PG. § 35 unterscheidet das Patent auf einen fertigen Gegenstand und dasjenige für ein Verfahren deutlich und klar, so daß die Meinungsverschiedenheiten über den „Gegenstand der Erfindung" die der § 4 des D. PG. heraufbeschworen hat, durch die klare Fassung des § 35 ausgeschlossen sind. Das Lizenzrecht ist nach japanischem Recht seiner Rechtsnatur nach ein lediglich obligatorisches Recht. Durch die Eintragung erlangt es aber eine verstärkte, dem dinglichen Recht ähnliche Stellung (vgl. § 52 J. PG.; s. unten S. 94). Die Eintragung der Lizenz beruht auf demselben Gedanken, der auch die Eintragung der Miete[36]) zuläßt (s. oben S. 42).

B. Musterrolle.

Nach deutschem Recht ist einzutragendes Recht das Gebrauchsmusterrecht, welches das ausschließliche Recht ist, das ein Gebrauchsmuster zum Gegenstand hat, und nach § 4 GebrMG. die Wirkung hat, daß dem Berechtigten ausschließlich das Recht zusteht, gewerbsmäßig das Muster nachzubilden, die durch Nachbildung hervorgebrachten Gerätschaften und Gegenstände in Verkehr zu bringen, feilzuhalten oder zu gebrauchen.

Ob Nießbrauch, Pfandrecht und Lizenz am Gebrauchsmuster eintragungsfähig sind, ist bestritten. Seligsohn[37]) verneint mit der

---

[33]) Gierke II S. 311, Ehrenzweig, Sachenrecht S. 106; auch in Japan Umé, Sachenrecht S. 12.

[34]) § 45 PG. Vorzugsrechte am Patentrecht sind möglich, aber nicht eintragbar

[35]) Der Nießbrauch ist unbekannt. S. oben S. 41 Anm. 13.

[36]) Seinem Wesen nach ist das Lizenzrecht wie oben S. 43 erwähnt, der Pacht verwandt; die Pacht ist dem japanischen Recht jedoch unbekannt.

[37]) Patentrecht S. 475 in bezug auf S. 277.

herrschenden Ansicht. Dagegen hält Kohler[38]) Nießbrauch und Pfandrecht für eintragungsbedürftig, nicht aber die Lizenz; vgl. auch oben beim Patent S. 43.

Nach japanischem Recht ist einzutragendes Recht das Gebrauchsmusterrecht, Pfandrecht und Lizenz (§ 17 GebrMG.).

C. Musterregister.

Nach deutschem wie nach japanischem Recht kommt für die Eintragung das Geschmacksmusterrecht in Betracht. Inhalt und Wirkungen sind nach beiden Rechten dieselben: das ausschließliche Recht, das ein Geschmacksmuster zum Gegenstand hat, und die Wirkung, daß der Inhaber ausschließlich befugt ist, das Muster in Verbreitungsabsicht nachzubilden und gewerbsmäßig zu verbreiten[39]). Seinem Charakter nach ist jedoch das japanische Geschmacksmusterrecht dem Patentrecht angeglichen, während in Deutschland die personenrechtlichen Gedanken des Urheberrechts das Geschmacksmusterrecht charakterisieren[40]).

Pfandrecht und Lizenz sind nach japanischem Recht eintragbar[41]), in Deutschland besteht derselbe Streit wie beim Patent- und Gebrauchsmusterrecht. Die allgemeine Meinung[42]) verneint die Eintragungsfähigkeit. Kohler entscheidet wie beim Gebrauchsmusterrecht[43]).

D. Zeichenrolle.

Einzutragendes Recht ist bei der Zeichenrolle in Deutschland wie in Japan nur das Zeichenrecht. Wie schon oben erwähnt, läßt in Japan das Patent-, das Gebrauchsmuster- und Geschmacksmustergesetz außer den Hauptrechten noch die Eintragung des Pfand- und Lizenzrechtes zu. Im Gegensatz hierzu kommt für das Warenzeichenrecht eine Eintragung dieser beschränkten Rechte nicht in Betracht, da diese Rechte am Warenzeichen nicht zulässig sind[44]). Auch nach D. WZG. fehlt eine Bestimmung über die Zulässigkeit dieser Rechte. Da das Warenzeichen ein untrennbares Zubehör des Geschäftsbetriebs ist, käme eine Pfändung oder Verpfändung überhaupt nur durch Pfändung oder Verpfändung des Geschäftsbetriebs in Frage. Der Geschäftsbetrieb ist jedoch ein

---

[38]) Musterrecht S. 138, 141.

[39]) § 1 D. GeschmMG., § 8 J. GeschmMG. Vgl. Osterrieth S. 244 ff., Jizuka S. 63.

[40]) Vgl. Gierke S. 831, Osterrieth S. 223, Jizuka S. 60.

[41]) § 18 J. GeschmMG.

[42]) Allfeld S. 319, Stephan S. 334, Osterrieth S. 251 ff., Neuberg S. 20.

[43]) Musterrecht S. 138, 141.

[44]) Vgl. Jizuka S. 84, Yoshihara, Warenzeichenrecht S. 161, Fujie, Warenzeichenrecht S. 72, Nakajima II S. 973.

der Pfändung oder Verpfändung nicht unterworfenes Immaterialgut[45]). Das Warenzeichen kann mit dem Geschäft zusammen zu Nießbrauch bestellt werden[46]). Da das Warenzeichen nur auf den Geschäftsbetrieb des Inhabers hinweisen soll, ergibt sich die Unzulässigkeit einer etwa der dinglichen Patentlizenz entsprechenden dinglichen Lizenz am Warenzeichen[47]). Doch wird eine obligatorische Lizenz im allgemeinen für zulässig erachtet[48]). Auch soweit besondere Rechte am Warenzeichen anerkannt werden, wie Nießbrauch und die obligatorische Lizenz, sind sie jedoch nicht eintragungsfähig.

Das Warenzeichenrecht, das sonach allein eintragbar ist, ist ein ausschließliches Recht und hat die Wirkung, daß der Berechtigte es zur Kennzeichnung für die Waren der angemeldeten Art benutzen darf (§ 12 D. WZG., § 7 J. WZG.)[49]).

III. Vergleicht man die beiden Rechte Deutschlands und Japans in dem soeben behandelten Punkte der einzutragenden Rechte, so zeigt sich, daß der Kreis der einzutragenden Rechte im Gebiete des japanischen Grundbuchrechts durch Aufnahme der Miete in das Grundbuch, im Gebiete des japanischen Industrierechts durch Aufnahme des Pfandrechts und der Lizenz in die Rollen gegenüber Deutschland erweitert ist.

Die Eintragung der Miete rechtfertigt das japanische Recht aus ihrer Wirkung gegen Dritte, die Eintragung des Pfandrechts und der Lizenz in die Rollen entspricht dem Bestreben des japanischen Rechts, das gesamte Rollenwesen dem Grundbuchrecht anzugleichen. Die deutschen Rollen haben nicht nur gegenüber dem Grundbuch eine ganz selbständige Regelung erfahren, sondern sind auch unter sich im einzelnen ganz verschieden gestaltet, während das japanische Recht von dem Gedanken der Einheitlichkeit des ganzen öffentlichen Registerwesens beherrscht wird.

Was die rechtliche Natur der Industrierechte betrifft, so sind sie heute sämtlich als Immaterialgüterrechte anerkannt. Sie sind absolute Rechte. Bezüglich des Warenzeichenrechts ist die Rechtsnatur jedoch heute noch stärker umstritten, als die der anderen Rechte. Enneccerus[50]), Crome[51]), Hagens[52]), Finger[53]), v. Tuhr[54]), Isay[55])

---

[45]) Ebenso Hagens § 7 Anm. 7, RG. 95, 237, Pinzger a. a. O. S. 18.

[46]) Ebenso Hagens § 7 Anm. 7, RG. 64, 393.

[47]) RG. 100, 6.

[48]) RG. 102, 24.

[49]) Näheres Osterrieth S. 323 ff., Hagens S. 183 ff., Seligsohn S. 171 ff., Pinzger S. 206 ff., Jizuka S. 82.

[50]) 1. S. 176. 2. S. 451.

[51]) IV S. 3 Anm. 7.

[52]) S. 32.

[53]) S. 44. [54]) I S. 148. [55]) S. 32.

und Bettelheim[56]) u. a. nehmen zutreffend ein Immaterialgüterrecht an, während Henle[57]), der selbständige und unselbständige Immaterialgüterrechte unterscheidet, das Warenzeichenrecht als unselbständiges Immaterialgüterrecht bezeichnet. Kohler[58]), Osterrieth[59]), Pinzger[60]), Seligsohn[61]) halten es für ein Persönlichkeitsrecht. In Japan faßt man das Warenzeichenrecht einhellig als Immaterialgüterrecht auf[62]).

Mit den Sachenrechten haben die Industrierechte gemein, daß sie absolute Herrschaftsrechte sind. Näheres oben S. 2ff.

Kapitel 3.

Einzutragende Rechtsänderungen.

I. Grundbuch.

Einzutragende Tatsachen sind sowohl in Deutschland als auch in Japan vor allem die Änderungen der Rechte[1]). Die Änderung ist hier im weitesten Sinne zu verstehen als Rechtserwerb, Rechtsverlust und Änderung im Inhalt des Rechts. Der Rechtserwerb zerfällt in derivativen und originären Erwerb. Erbfolge und Übertragung des Eigentums sind derivativer Erwerb; originärer Natur ist z. B. die Ersitzung, Aneignung, Enteignung. Den derivativen Erwerb teilt man wieder in translativen und konstitutiven Erwerb. Der Rechtsverlust ist entweder relativ oder absolutiv. Der erstere ist der Rechtsübergang von seiten des Übertragenden aus gesehen, der letztere ist Verzicht auf das Recht oder Untergang des Rechtsgegenstandes. Eine Änderung im Inhalt des Rechts liegt vor, wenn über das Recht verfügt wird, ohne daß es aufgehoben, belastet oder übertragen wird[2]). Ob Beschränkung in der Verfügung über das Recht eine Inhaltsänderung enthält, ist bestritten[3]).

Die Änderungen kann man von der Seite ihres Grundes einteilen in solche rechtsgeschäftlicher Art und andere. Die ersteren beruhen auf dem Willen der Beteiligten, die letzteren auf Gesetz, staatli-

---

56) S. 96.

57) S. 21.

58) Zeichen S. 62.

59) S. 8, 323.

60) S. 18.

61) Zeichen S. 171.

62) Vgl. Arima S. 424, Hatoyama, Bürgerliches Recht, Allgem. Teil S. 28, Nakajima I S. 49ff., II S. 973ff., Yoshihara, Zeichen S. 139, Murayama S. 360, Fujie S. 71.

1) Über einzutragendes Recht s. oben S. 39ff.

2) Wolff S. 104.

3) Vgl. Raape, Das gesetzliche Veräußerungsverbot S. 2, Nakajima II S. 47 f.

chem Akt oder sonstigem Grunde. Der originäre Erwerb gehört immer zu der letzteren Gruppe. Der translative Erwerb fällt z. T. in die erste, z. T. in die zweite Gruppe. Der konstitutive Erwerb ist nach deutschem wie nach japanischem Recht in der Regel rechtsgeschäftlicher Art. Eine Ausnahme ist z. B. die Zwangshypothek, im japanischen Recht das Vorzugsrecht und das Retentionsrecht.

Nach deutschem Recht werden rechtsgeschäftliche Änderungen und andere verschieden behandelt. Rechtsgeschäftliche Änderungen sind nicht nur eintragungsfähig, sondern eintragungsbedürftig. Ohne Eintragung keine Rechtsänderung. §§ 873, 875, 877 BGB.[4])[5]). Dagegen haben andere Änderungen zwar Eintragungsfähigkeit, sie sind aber nicht eintragungsbedürftig. Die Rechtsänderung kommt unabhängig von der Eintragung zustande[6]).

Das japanische Recht kennt solche Unterscheidungen nicht. Rechtsgeschäftliche wie andere Rechtsänderungen werden einheitlich behandelt, und sind beide gleichermaßen eintragungsfähig, aber nicht eintragungsbedürftig. Das entspricht der herrschenden Ansicht[7]) und ebenso dem Gerichtsgebrauch[8]) in Japan, es gibt darüber aber auch abweichende Ansichten. Einige[9]) sagen: nur die Veränderungen rechtsgeschäftlicher Art seien eintragungsfähig, denn § 176 BGB.[10]) spreche nur von der Begründung und Übertragung dinglicher Rechte durch Willenserklärungen; der unmittelbar danach folgende, die Eintragung regelnde § 177 sei also nur auf die Begründung und Übertragung dinglicher Rechte durch Willenserklärungen anwendbar. Mir scheint jedoch, daß der § 176 lediglich die materiellrechtliche Wirkung unter den Beteiligten regelt, während der darauf folgende § 177 allgemein (ohne Unterschied, ob die Veränderungen rechtsgeschäftlicher oder sonstiger Art sind) die Eintragung zum Zwecke der Geltendmachung gegenüber Dritten fordert. Dem Wortlaut nach liegt also kein Grund für eine einschränkende Auslegung vor, ebensowenig nach dem Zweck des Eintragungssystems. Andere[11]) sagen, daß nur abgeleiteter Erwerb eingetragen zu werden brauche. Das wird etwa wie folgt begründet: Die

---

[4]) Über die Bedeutung der Eintragung s. unten S. 86ff.

[5]) Ausnahmen: zugunsten der Briefgrundpfandrechte §§ 1154, 1192, 1069, 1274 BGB.

[6]) Ausnahmen: die Begründung einer Sicherungshypothek im Wege der Zwangsvollstreckung. § 866 ZPO. Art. 91 EG. Vgl. auch unten Dritter Teil.

[7]) Nakajima II S. 49ff., Umé, Sachenrecht S. 12ff., Tomii, Sachenrecht S. 69, Suehiro, Sachenrecht I S. 126ff.

[8]) Urteil des RG. vom 15. Dez. 1908.

[9]) Ishizaka, in Suehiro S. 127. RG. bis 29. Juni 1906.

[10]) Text der §§ 176, 177. S. unten S. 89, 91.

[11]) Yokota, Sachenrecht S. 55ff.

Eintragung ist ein Erfordernis der Geltendmachung gegenüber Dritten, und das Vorhandensein eines Beteiligten bildet die Voraussetzung für das Vorhandensein eines Dritten. Bei abgeleitetem Erwerb sei nun zwar ein Dritter vorhanden, nicht aber bei originärem Erwerb. Hier nämlich fehle der Beteiligte, mithin ihm gegenüber auch der Dritte. Diese Ansicht scheint mir aber nicht zutreffend zu sein. Denn die Ausdrücke „Beteiligter“ und „Dritter“ haben im Gesetz keine bestimmte feste Bedeutung. Auch für das praktische Leben ist bei originärem Erwerb die Eintragung für die Geltendmachung gegen Dritte angezeigt[12]).

Wie oben erwähnt, ist einzutragende Tatsache die Rechtsänderung als solche. Jedoch werden außerdem eingetragen Verfügungsbeschränkungen, das sind entweder gänzliche Verfügungsverbote oder Verfügungsbeschränkungen im engeren Sinne. Unter Verfügungsbeschränkung versteht man nach Raape (Das gesetzliche Verfügungsverbot S. 30) die auf einem besonderen Umstand beruhende Beschränkung in der an und für sich vorhandenen Verfügungsbefugnis. Die Verfügungsbeschränkung ist nicht zu verwechseln mit der Beschränkung in der Verfügungsfähigkeit, sie ist stets Beschränkung der Verfügungsmacht. Die Beschränkung muß eine außergewöhnliche, nicht jedem Recht ohnehin anhaftende sein[13]). Einzutragende Verfügungsbeschränkungen sind nach deutschem Recht z. B. die Beschränkung durch Konkurs, Eröffnung des Vergleichsverfahrens, Zwangsversteigerungs-, Zwangsverwaltungsanordnung, auf Grund einstweiliger Verfügungsbeschränkungen, Beschränkung der Erben durch Teilungsverbote des Erblassers, durch Testamentsvollstrecker, Nacherben und ähnliche Fälle[14]). Nach japanischem Recht gehören hierher in der Hauptsache der Vertrag über die Untrennbarkeit des Miteigentums (§ 356 BGB.), Verbot der Übertragung und Vermietung des Erbpachtrechts, Trennung des Nachlasses vom eigenen Vermögen des Erben (§ 1045 BGB.)[15])[16]). Nach deutschem Recht ist jede Verfügungsbeschränkung lediglich eintragungsfähig, nicht eintragungsbedürftig in dem Sinne, daß die Eintragung

[12]) So Hatoyama, Sachenrecht I S. 52 f.

[13]) Vgl. Raape S. 28, Planck III S. 111, Fuchs I S. 162, Crome I § 87 Note 5, Enneccerus I § 135, v. Tuhr II S. 366, Dernburg I § 112 IV, Motiv IV S. 215 ff., Güthe I S. 236 ff.

[14]) Näheres Planck II S. 112, Güthe I S. 242 ff.

[15]) Vgl. Nakajima II S. 39 ff., Suehiro, Sachenrecht I S. 125 f.

[16]) Nach § 1994 BGB. können die Nachlaßgläubiger oder Vermächtnisnehmer binnen 3 Monaten seit dem Erbfall bei Gericht den Antrag auf Trennung des Nachlasses von dem Vermögen der Erben stellen. Die Vermögenstrennung kann Dritten bezüglich des Immobiliars jedoch nur bei Eintragung im Grundbuch entgegengesetzt werden.

konstitutiv wirkte[17]). Nach japanischem Recht gilt dies bezüglich sämtlicher Eintragungen, wie oben S. 48 erwähnt[18]).

Eingetragen wird auch die Vorstufe zur dinglichen Rechtsänderung, wie man den obligatorischen Anspruch auf Einräumung oder Aufhebung an einem Grundstück oder Grundstücksrecht (Vormerkung) nennen kann[19]). Vgl. unten Abschnitt IV Kapitel 1.

Nach deutschem Recht ist ferner eintragungsfähig die Vorstufe der Berichtigung, wie man den Widerspruch gegen die Richtigkeit des Grundbuchs, das mit der materiellen Rechtslage nicht in Einklang steht, bezeichnen kann[20]). Das japanische Recht kennt ein derartiges Rechtsinstitut nicht, aber es kennt das eigenartige Rechtsinstitut, „Bemerkung“ darüber unten Abschnitt IV Kapitel 1.

Alle diese Fälle sind keine wahren, endgültigen Rechtsänderungen dinglicher Natur, trotzdem werden sie eingetragen, weil diese Vorgänge mit der Rechtsänderung eng zusammenhängen.

II. Rollen.

A. Patentrolle.

1. Nach japanischem Recht sind einzutragende Tatsachen etwa dieselben[21]) wie beim Grundbuch:

Alle Rechtsänderungen, sei es, daß sie auf rechtsgeschäftlichem oder sonstigem Grunde beruhen, werden eingetragen; also der originäre und derivative (konstitutive und translative) Erwerb, Inhaltsänderung und Rechtsverlust[22]). Die nach japanischem Recht zulässige Enteignung des Patentrechts wird ebenfalls eingetragen, aber nicht als originärer, sondern als derivativer Erwerb[23]). Als Fälle von Inhaltsänderung gibt es in Japan die eintragbare Fristverlängerung und Verwandlung des Zusatzpatents in ein selbständiges Patent[24]). Nach J. PG. kann die Patentschutzfrist um 3 bis 10 Jahre verlängert werden. Die Länge der Schutzfrist bezieht sich nicht nur auf das Interesse des Berechtigten, sondern es bezieht sich auch auf die Interessen der Allgemeinheit. Aus diesem Grunde hat das J. PG. die Schutzfrist auf 15 Jahre festgesetzt, der Minister für Handel und Gewerbe kann jedoch auf Gesuch des Berechtigten nach Prüfung dieselbe noch um 3 bis 10 Jahre verlängern. Vorausgesetzt ist, 1. das Patent muß eine wichtige Erfindung sein,

---

[17]) Vgl. Planck III S. 113, Gierke II S. 320.

[18]) Vgl. auch unten S. 89 ff.

[19]) § 883 D. BGB., § 2 J. GBO.

[20]) § 899 BGB.

[21]) Die Bedeutung der Eintragung ist jedoch eine andere. S. unten S. 94 ff.

[22]) § 61 PG., § 1 Patenteintragungsverordnung.

[23]) § 40 PG., § 22 derselben Verordnung.

[24]) § 15 Nr. 2 derselben Verordnung.

2. der Berechtigte ist nicht in der Lage gewesen, während der Schutzfrist einen angemessenen Nutzen aus der Erfindung zu ziehen, und 3. er muß einen triftigen Grund nachweisen (vgl. § 43 Abs. 5 und § 10 der Kaiserlichen Verordnung betr. Ausführung des Patentgesetzes). Ein vorhandenes Zusatzpatent verwandelt sich in ein selbständiges Patent, erstens, wenn das Hauptpatent widerrufen, für nichtig erklärt wird oder erlischt, und zweitens, wenn das Hauptpatent wegen nicht ordnungsmäßiger Gebührenzahlung für erloschen angesehen wird. Vgl. §§ 60, 69 PG.

Endigungsgründe des Patentrechts sind: Widerruf des Patents, Fristablauf, Nichtzahlung der Gebühr, Nichtigkeitserklärung[25]), Erblosigkeit und Verzicht[26]). Von diesen bedarf nur der Verzicht der Eintragung zum Zwecke der Geltendmachung Dritten gegenüber.

Auch was nicht unmittelbare Rechtsänderung darstellt, hat ähnlich wie beim Grundbuch Eintragungsfähigkeit: so werden nach japanischem Recht Beschränkungen[27]) und Sicherungsmaßnahmen[28]) eingetragen.

2. Nach deutschem Recht gibt es erstens als einzutragende Tatsache den originären Erwerb bei der Erteilung des Patents: Eine Enteignung, wie nach japanischem Recht[29]), gibt es nach deutschem Recht nicht[30]). Nach § 5 Abs. II des PG. tritt die Wirkung des Patents lediglich insoweit nicht ein, als die Erfindung nach Bestimmung der Reichsregierung für das Heer oder für die Flotte oder sonst im Interesse der öffentlichen Wohlfahrt benutzt werden soll. Doch hat der Patentinhaber in diesem Falle gegenüber dem Reiche oder dem Staate, welcher in seinem besonderen Interesse die Beschränkung des Patents beantragt hat, Anspruch auf angemessene Vergütung, welche in Ermangelung einer Verständigung im Rechtsweg festgesetzt wird. Dies steht aber weder einer Wegnahme (Seligsohn, Patentrecht S. 164) noch einer Entziehung (Kohler, Lehrbuch S. 134) gleich, so daß das deutsche Recht in dem strengen Sinne (des japanischen Rechts) eine Enteignung nicht kennt[31]).

---

25) Ebenso Jizuka S. 33; anders Yoshihara, Patent S. 113, der das Patent in diesem Falle schon für sich nichtig hält. Vgl. unten S. 94 f.

26) Näheres Jizuka S. 36 ff.

27) § 61 PG., § 1 obengenannter Verordnung.

28) § 2 derselben Verordnung.

29) Auch Schweizer PG. § 23, Österreichisches PG. § 15 kennen Enteignung, vgl. Kohler, Handbuch S. 486.

30) Isay S. 292, Seligsohn S. 164, Osterrieth S. 109.

31) Die Staatsrechtslehre legt den Art. 153 der Reichsverfassung der von der Enteignung handelt, weit aus, so daß jede Beschränkung jedes Rechts als Enteignung anzusprechen ist, wobei auch gleichgültig ist, ob die Enteignung durch Verwaltungsakt oder Gesetzgebung erfolgt (Poetzsch S. 483 ff., An-

Einzutragende Tatsache ist zweitens der derivative und translative Erwerb, sei es, daß er auf rechtsgeschäftlichem oder sonstigem Grunde beruht. Während das BGB. den derivativen Erwerb vom originären scharf scheidet, macht das PG. diesen Unterschied nicht[32]. Rechtsverlust aller Art wird in der Rolle vermerkt nach § 19 Abs. I PG.: der Ablauf, das Erlöschen (durch Verzicht oder nicht rechtzeitige Gebührenzahlung), die Erklärung der Nichtigkeit und die Zurücknahme der Patente. Für die Veränderung des Inhalts gibt es abweichend vom japanischen Recht keine Eintragung[33], und daß es für den konstitutiven derivativen Erwerb an gesetzlichen Bestimmungen fehlt, ist schon oben erwähnt. Nimmt man für den konstitutiven Erwerb Eintragungsfähigkeit an (z. B. für das Pfandrecht), so muß man sie auch für die Übertragung und den Untergang dieser Rechte annehmen. Bezüglich der Eintragungsfähigkeit der Verfügungsbeschränkungen und Sicherungsmaßnahmen fehlt es an einer gesetzlichen Regelung. Kohler[34] und Isay[35] bejahen die Eintragungsfähigkeit der Verfügungsbeschränkungen, Seligsohn[36], Damme[37] und andere sowie das Patentamt[38] verneinen auch diese.

B. Musterrolle.

Was soeben bei der Patentrolle erörtert ist, findet hier entsprechende Anwendung. Nach japanischem Recht sind einzutragende Tatsachen der originäre und derivative Erwerb, Inhaltsänderung und Rechtsverlust, Verfügungsbeschränkungen und Sicherungsmaßnahmen[39]. Nach deutschem Recht kommt als originärer Erwerb nur der auf Grund der Anmeldung in Frage, als derivativer nur die Übertragung[40]. (§ 3.)

---

schütz Anm. 6, Wolff, Reichsverfassung und Eigentum S. 20 ff.). In diesem weiten Sinne kann man § 5 II als Enteignung auffassen.

[32]) Vgl. Kisch S. 285, Kent II S. 39, Kohler S. 416. Über die Bedeutung der Eintragung s. unten S. 95 ff.

[33]) Fristverlängerung gibt es nach D. PG. nicht und Verwandlung des Zusatzpatents in ein selbständiges Patent ist nicht eintragbar (§ 7).

[34]) Handbuch S. 538.

[35]) S. 415.

[36]) Patentrecht S. 277.

[37]) S. 99.

[38]) Entscheidung vom 7. Dez. 1898 in G. R. 4. S. 237.

[39]) § 17 J. GebrMG., § 3 Kaiserliche Verordnung über Gebrauchsmuster, die Kosten patentgerichtlicher Klagen und andere Verfahren, betreffend Gebrauchsmuster, sowie die Eintragung von Gebrauchsmustern.

[40]) Vgl. Seligsohn, Patent S. 473 ff., Isay S. 584 ff.

C. Musterregister.

Nach japanischem Recht ist hier die Rechtslage wie beim Patent[41]), nur gibt es weder einen Widerruf noch eine Enteignung, da bei Geschmacksmustern, deren Bedeutung auf dem Gebiet der Ästhetik liegt, ein Interesse des Staates nicht mitspielt.

Nach deutschem Recht ist einzutragende Rechtsänderung zunächst der originäre Erwerb durch die Anmeldung, außerdem hält Kohler[42]) die Übertragung des Musterrechts für eintragungsbedürftig. M. E. ist die Eintragung der Rechtsübertragung möglich und zweckmäßig in demselben Sinne wie im Patentrecht, da das Musterregister als öffentliches Buch die Rechtsverhältnisse offenkundig zu machen bestimmt ist.

Endigungsgründe des Geschmackmuster sind Verzicht, sowie Herstellung von Exemplaren im Ausland (§ 16 II MSchG.) und Fristablauf. Bestritten ist, ob eine Löschungsklage im Gebiete des Geschmacksmusterrechts gegeben ist, mit deren rechtskräftigem Urteil das Geschmacksmusterrecht erlöschen würde. Mit Recht halten Riezler[43]), Gierke[44]) und Neuberg[45]) eine solche Klage für zulässig, während Stephan[46]), Schanze[47]), Allfeld[48]) und das Reichsgericht[49]) sich gegen ihre Zulässigkeit ausgesprochen haben. Nichtzahlung der Gebühr ist nach Stephan S. 334 ein Endigungsgrund, nicht aber nach Riezler S. 488.

Bestritten ist die Eintragungsfähigkeit dieser Endigungsgründe, insbesondere des Verzichts. Wenn der Verzicht dem Registerrichter gegenüber erklärt ist, hat die Löschung zu erfolgen. So Riezler[50]) und Kohler[51]). Dagegen hält Osterrieth[52]) eine Löschung für unzulässig.

D. Zeichenrolle.

Einzutragende Tatsachen sind nach deutschem Recht Entstehung (Erwerb durch Anmeldung), Übertragung, Inhaltsänderung (Verlänge-

---

[41]) § 18 J. GeschmMG., § 2 Kaiserliche Verordnung über die Kosten patentgerichtlicher Klagen und anderer Verfahren, betr. Muster sowie die Eintragung von Mustern.

[42]) Musterrecht S. 137, vgl. hierzu ferner auch Osterrieth S. 251, Schanze, Register- u. Rolleneinschreibungen S. 34, Stephan S. 334.

[43]) S. 481.

[44]) I, S. 837 Note 32.

[45]) S. 36.

[46]) S. 335.

[47]) Register- und Rolleneinschreibungen S. 58.

[48]) S. 337 Note 4.

[49]) JW. 1887 S. 236.

[50]) S. 487.

[51]) Musterrecht S. 112.

[52]) S. 252.

rung der Schutzfrist) und Untergang des Warenzeichenrechts. Nach japanischem Recht außerdem Sicherungsmaßnahmen. Im Gegensatz zu anderen Industrierechten gibt es beim J. WZR. keine Verfügungsbeschränkung. Enteignung und Widerruf gibt es im J. WZR., abweichend von den anderen Industrierechten, nicht. Dieses hängt mit der Eigenschaft des WZR. zusammen. Nichtigkeitserklärung gibt es im J. WZR., aber ob sie ein Endigungsgrund ist, ist bestritten. Jizuka S. 88 behauptet dies mit Recht. A. M. Yoshihara, Zeichen S. 163[53])[54]). Änderungen des Pfandrechts und der Lizenz kommen hier nicht in Frage, weil, wie oben erklärt ist, die Rechte beim J. WZR. nicht anerkannt und im D. WZR. nicht eintragbar sind. (Vgl. S. 45 f.).

Abschnitt IV.
Eintragung.

Kapitel 1.
Begriff und Arten.

Über den Begriff der Eintragung enthalten weder die Gesetze Deutschlands noch Japans etwas und zwar sowohl auf dem Gebiete des Grundbuch- wie des Industrierechts. Man muß bei der Bestimmung des Begriffs vom allgemeinen Sprachgebrauch ausgehen, den auch das Gesetz im Sinne hat. Danach ist unter Eintragung zu verstehen einerseits die behördliche Tätigkeit, die darauf gerichtet ist, bestimmte Angelegenheiten aufzuzeichnen und andererseits der Erfolg dieser Tätigkeit selbst[1]). In diesem Sinne fallen unter die Eintragungen alle behördlichen Aufzeichnungen. Im engeren Sinne sind Eintragungen nur die echten Eintragungen (Gegensatz: Quasi-Eintragungen)[2]). Noch enger bezeichnet man als Eintragungen nur die auf Rechtserwerb gerichteten Aufzeichnungen (Gegensatz: Löschungen). Im engsten Sinne bedeutet die Eintragung — im Industrierecht — lediglich den originären auf Anmeldung beruhenden Rechtserwerb.

Die Eintragungen im weitesten Sinne kann man nach verschiedenen Gesichtspunkten verschieden einteilen[3]). Ich möchte unterscheiden vom

---

[53]) Vgl. unten S. 102.

[54]) Ob es im D. WZR. Nichtigkeitserklärung gibt, ist bestritten. Vgl. Hagens S. 68 Anm. 6, S. 207 Anm. 34.

[1]) Vgl. Gierke II S. 293, Wolff S. 81, Güthe S. 199 Anm. 2.

[2]) Dieser Begriff wird sogleich erläutert werden.

[3]) z. B. von dem Gesichtspunkt des Anlasses aus: Eintragung von Amts wegen und Eintragung auf Antrag. Von der Wirkung aus: konstitutive und deklarative Eintragung. Vgl. Güthe S. 200 Anm. 7, Wolff S. 81.

Standpunkt der einzutragenden Rechtsänderung aus die echten und die Quasi-Eintragungen[4]).

1. Echte Eintragungen sind diejenigen Eintragungen, die sich auf eine direkte Rechtsänderung beziehen. Sie zerfallen in Einschreibung, Umschreibung, Änderung und Löschung. Die Einschreibung beruht auf originärem Erwerb, die Umschreibung auf derivatem (translativen und konstitutiven) Erwerb, die Änderung auf Veränderung im Inhalt des Rechts und die Löschung auf dem Untergang des Rechts. Im Gebiete des Grundbuchrechts ist die Unterscheidung in Einschreibung und Umschreibung nicht üblich, sondern man spricht von Eintragungen im engeren Sinne im Gegensatz zur Löschung. Systematisch läßt sich die hier gewählte Einteilung aber ebensogut halten. Sie hat aber auch praktisch Bedeutung. Die Neuerrichtung eines Hauses, das nach japanischem Recht erstmalig im Gebäudegrundbuch[5]) eingetragen wird, und die Aneignung herrenloser Grundstücke durch den Fiskus sind z. B. Fälle der Einschreibung, die man sonst unter die Eintragung im engeren Sinne fallen läßt.

Das Industrierecht ist von unserer Einteilung beherrscht. Es unterscheidet ganz streng die Einschreibung und die Umschreibung[6]) [7]). Die erstere nennt man zwar „Eintragung"; die Eintragung in diesem Sinne begreift aber nur die Fälle originären Rechtserwerbs in sich. Der Ausdruck Eintragung ist besser dem Oberbegriff für die Einschreibung, Umschreibung und Löschung vorzubehalten. Im übrigen versteht man unter Umschreibung im deutschen Industrierecht nur die Eintragung der Übertragung des Hauptrechts, aber im japanischen Industrierecht außerdem noch die Begründung des Pfandrechts und des Lizenzrechts und deren Übertragung[8]).

2. Quasi-Eintragungen sind die Eintragungen, die sich nicht auf eine direkte Rechtsänderung beziehen und eine zeitliche Beschränkung in sich tragen. Entweder sind sie vorbereitender Art oder bezwecken eine anderweitige Sicherung. Unter die erste Gruppe fallen die Vormerkung und der Widerspruch, unter die zweite die Verfügungsbe-

---

[4]) Diese Unterscheidung entspricht im Ergebnis etwa derjenigen in endgültige und vorläufige Eintragungen, geht aber über das rein chronologische Moment hinaus, indem sie zum Merkmal wählt, ob die Eintragung auf eine direkte Rechtsänderung abzielen will oder nicht.

[5]) Vgl. oben S. 22.

[6]) Das Wort Einschreibung ist dem Grundbuchrecht nicht unbekannt. Vgl. Gierke II S. 298 Anm. 38.

[7]) Vgl. Schanze, Register- und Rolleneinschreibungen, Damme S. 101, Isay zu § 19 Anm. 2, 3, Hagens zu § 7 Anm. 9ff., zu § 12 Anm. 2, Pinzger zu § 2 Anm. 6.

[8]) Vgl. oben S. 50ff.

schränkung[9]). Die Vormerkung[10]) dient im japanischen wie im deutschen Recht der Sicherung eines obligatorischen Anspruchs auf dingliche Rechtsänderung, der Widerspruch[11]), die vorläufige Maßregel gegen die Richtigkeit des Grundbuchs, die den öffentlichen Glauben des Grundbuchs zerstören soll, ist dem japanischen Recht, das keinen öffentlichen Glauben des Grundbuchs kennt, unbekannt. Statt des Widerspruchs gibt es eine Bemerkung[12]), die ein eigenes Rechtsinstitut ist, und für deren Eintragung das Prozeßgericht im Falle einer Klage auf Löschung eines dinglichen Rechts Sorge trägt. Die „Bemerkung" hat die Bedeutung, Dritten von dem Streit um das Recht Kenntnis zu geben, eine dingliche Wirkung hat sie nicht[13]). Die Verfügungsbeschränkungen sind schon oben näher behandelt[14]).

Das japanische Industrierecht kennt Quasi-Eintragungen[15]), dem deutschen Recht sind sie nur im Grundbuchwesen bekannt. Da es Quasi-Eintragungen im deutschen Industrierecht nicht gibt, und die echten Eintragungen auch im Grundbuchrecht die Hauptfälle sind, wird im folgenden hauptsächlich von den echten Eintragungen ausgegangen.

Kapitel 2.
Voraussetzungen.

Unter Voraussetzungen sind hier nur die formalen Bedingungen zu verstehen, welche für die Eintragung in die öffentlichen Bücher, d. h. Grundbuch bzw. Rolle, notwendig sind, nicht die materiellen Erfordernisse der Rechtsänderung.

I. Grundbuch.

1. Nach deutschem Recht.

Zur Eintragung ist grundsätzlich erforderlich: Antrag und Eintragungsbewilligung.

§ 13 Abs. 1 Satz 1 der D. GBO. lautet: eine Eintragung soll, soweit nicht das Gesetz ein anderes vorschreibt, nur auf Antrag erfolgen. Also wird der Grundbuchrichter grundsätzlich nur auf Antrag tätig. Auch wenn er von der bereits erfolgten Rechtsänderung Kenntnis hat,

---

9) Eine ähnliche Zusammenfassung von Vormerkung und Widerspruch mit der Verfügungsbeschränkung bei Güthe I S. 202 Anm. 12, Turnau II S. 96 Nr. 5, Fischer zu § 13 Anm. 1, Raape, Gesetzliches Veräußerungsverbot S. 109 ff.

10) § 883 D. BGB., § 2 J. BGO.

11) § 899 D. BGB.

12) § 3 J. GBO.

13) Vgl. Suehiro, Sachenrecht I S. 140, RG. v. 11. Nov. 1906.

14) S. 49 f.

15) §§ 1 Nr. 1, 2, 3 der Patenteintragungsverordnung.

darf er von Amts wegen die Eintragung nicht vornehmen. Der Antrag ist die bei der Grundbuchbehörde um Eintragung nachsuchende Willenserklärung, ebenso wie der Klageantrag des Zivilprozesses eine öffentliche Willenserklärung, keine privatrechtliche, wenn auch nicht ganz ohne privatrechtliche Bedeutung (§§ 878, 892 BGB. Abschn. 2 D. BGB.), und er ist ferner die an das Grundbuchamt gerichtete empfangsbedürftige Willenserklärung, deshalb wird er mit dem Zeitpunkt des Eingehens beim Grundbuchamt wirksam (§ 130 D. BGB.) [1]. Infolgedessen soll der Zeitpunkt, an welchem ein Antrag bei dem Grundbuchamt eingeht, auf dem Antrag genau vermerkt werden, und die Erledigung später beantragter Eintragungen darf nicht vor dem früher gestellten Antrag erfolgen (§ 13 Absatz 1 Satz 2, § 17 D. GBO). Ferner muß der Antrag bestimmt, vorbehaltslos gestellt sein: bedingte oder befristete Anträge sind nicht zulässig (§ 16 D. GBO.) [2].

Antragsberechtigt sind grundsätzlich die unmittelbar Beteiligten, nämlich der Aktivbeteiligte („zu dessen Gunsten die Eintragung erfolgen soll") und der Passivbeteiligte („dessen Recht von der Eintragung betroffen wird") (§ 13 Abschn. 2 D. BGO.). Bisweilen können aber auch mittelbar Beteiligte oder der Notar den Antrag stellen (§§ 14, 15 D. BGO.).

Das Antragsprinzip erleidet folgende Ausnahmen: Eintragungen sind möglich 1. auf Ersuchen einer zuständigen Behörde (§ 39 D. GBO.), z. B. Ersuchen des Prozeßgerichts bei einstweiliger Verfügung (§ 941 D. ZPO.); des Vollstreckungsgerichts bei Zwangsversteigerung oder Zwangsverwaltung (§§ 19, 146, 130 D. ZVG.). 2. Von Amts wegen, z. B. bei Übertragung oder Belastung eines Erbbaurechts (§ 7 D. GBO.); bei Eintragung eines Vorerben werden die Rechte des Nacherben, bei Eintragung des Erben die Testamentsvollstreckung von Amts wegen eingetragen (§§ 52, 53 D. GBO.) [3].

Zu dem Antrag muß die Eintragungsbewilligung hinzukommen. Im Fall, daß die Eintragung auf Antrag erfolgt, ist die Eintragungsbewilligung des Passivbeteiligten nötig (§ 19 D. GBO.). Eintragungsbewilligung ist die öffentliche Willenserklärung, welche dem Grundbuchamte gewisse Eintragungen gestattet; ebenso wie der Antrag eine an das Grundbuchamt gerichtete empfangsbedürftige Willenserklärung ist. Daher wirkt die Eintragungsbewilligung erst von dem Zeitpunkt des Eingehens beim Grundbuchamt an (§ 130 D. GBO.). Ferner muß sie bestimmt sein, und darf weder bedingt noch befristet sein [4].

---

[1]) Vgl. Wolff S. 82.
[2]) Kohler, Sachenrecht S. 112, Strecker im Handwörterbuch S. 37.
[3]) Vgl. Wolff S. 84.
[4]) Kohler, Sachenrecht S. 112.

Wie erwähnt, ist die Eintragungsbewilligung eine öffentliche prozessuale Willenserklärung, welche vom Passivbeteiligten an das Grundbuchamt gerichtet wird, nicht eine privat-materiellrechtliche Willenserklärung, welche die Rechtsänderung betrifft. Diese Begriffe sind streng von einander zu scheiden [5]).

Die Bewilligungserteilung ist abstrakt. Ihr Grund ist regelmäßig die Erfüllung einer Bewilligungspflicht; diese kann auf einem Rechtsgeschäft beruhen oder unmittelbar auf Gesetz (§ 894 D. BGB.) [6]). Der Bewilligungsberechtigte ist derjenige, welcher über das betroffene Recht die Verfügung hat, weil das Recht, die Eintragung zu bewilligen, ein Ausfluß des Rechtes ist, das durch die Eintragung betroffen wird. In der Regel sind der Inhaber des betroffenen Rechtes und der Verfügungsberechtigte identisch, aber ausnahmsweise haben auch Nichtinhaber, z. B. Konkursverwalter und Testamentsvollstrecker, die Verfügungsberechtigung. In diesem Fall wird auf Grund der Verfügungsberechtigung die Bewilligung erteilt [7]). Die Eintragungsbewilligung kann auch gemäß § 894 ZPO. durch ein rechtskräftiges Urteil ersetzt werden.

Der Eintragungsbewilligung des Passivbeteiligten bedarf es nicht bei Nachweis der Unrichtigkeit des Grundbuchs durch öffentliche Urkunden (§ 22 D. GBO.). Andererseits ist die Bewilligung des Passivbeteiligten nicht ausreichend: bei der Auflassung eines Grundstücks, bei der Bestellung, Übertragung oder inhaltlichen Änderung eines Erbbaurechts oder anderer juristischer fundi darf die Eintragung nur erfolgen, wenn die nach §§ 925, 1015 und 1017 D. BGB. erforderliche Einigung erklärt ist (§§ 20, 84 D. GBO., ErbbauRVO. vom 15. Jan. 1919 § 37). Ferner ist in mehreren Fällen die Zustimmung eines nicht oder nicht unmittelbar Betroffenen nötig: so bedarf es zur Löschung einer Hypothek außer der Bewilligung des Hypothekengläubigers der Zustimmung des Grundeigentümers (§ 27 Absch. 1 D. GBO.). Die Berichtigung des Grundbuchs durch Eintragung eines Eigentümers oder Erbbauberechtigten darf, sofern nicht der Fall des § 14 vorliegt, nur mit Zustimmung des Eigentümers oder Erbbauberechtigten, dessen Eintragung erfolgen soll, geschehen (§ 22, II). Die Zustimmung wird gemäß § 894 ZPO. durch ein rechtskräftiges Urteil ersetzt.

Trotz Vorliegen von Antrag und Eintragungsbewilligung soll nach § 40 Absatz 1 eine Eintragung nur erfolgen, wenn derjenige, dessen Recht durch sie betroffen wird, als der Berechtigte eingetragen ist. Diese Bestimmung beruht darauf, die gesamte Rechtslage aus dem

---

[5]) Wolff S. 85, Planck III S. 127ff. (3 zu § 873), Güthe S. 381ff. (11, 12 zu § 19).

[6]) Vgl. Wolff S. 86.

[7]) Vgl. Wolff S. 86.

Grundbuche möglichst vollständig ersichtlich zu machen[8]). Die Voreintragung ist nötig, wenn die Nacheintragung der Rechtsänderung, und auch, wenn sie der Berichtigung dient. Aber diese Bestimmung ist nur eine Ordnungsvorschrift. Ein Verstoß gegen sie ist auf die Gültigkeit der Nacheintragung ohne Einfluß. Das Gesetz hat wichtige Ausnahmen zugelassen: zunächst bei Briefhypotheken und Briefgrundschulden; hier steht es der Voreintragung des Gläubigers gleich, wenn er sein Recht durch eine zusammenhängende, auf einen eingetragenen Gläubiger zurückreichende Kette öffentlich beglaubigter Zessionen beweist und den Brief im Besitz hat (§ 40 Abschn. 2 D.GBO.). Ferner wird von der Voreintragung abgesehen, wo ererbte Rechte von den Erben lediglich übertragen oder aufgehoben werden (§ 41 D.GBO.).

Bezüglich des Nachweises der Voraussetzungen ist folgendes zu sagen:

Alle Voraussetzungen und Unterlagen für eine Eintragung bedürfen eines gehörigen Nachweises. Die Art des Nachweises ist verschieden, je nach der Natur der Voraussetzung:

Die zur Eintragung erforderlichen Erklärungen der Beteiligten, z. B. Eintragungsbewilligungen, Vollmachten müssen entweder vor dem Grundbuchamte zu Protokoll gegeben oder durch öffentliche oder öffentlich beglaubigte Urkunden nachgewiesen werden (§ 29, I D.GBO.). Andere Voraussetzungen, z. B. Tod des Eingetragenen, bedürfen eines Nachweises durch öffentliche Urkunden (§ 29 II D.GBO.).

2. Nach japanischem Recht.

Das Antragsprinzip des japanischen Rechts ist dem deutschen gleich[9]). Jedoch die Form des Antrags ist von der des deutschen Rechts verschieden, ebenso wie die anderen Voraussetzungen.

Zur Antragstellung ist das persönliche Erscheinen sowohl des Eintragungsberechtigten als auch des Eintragungsverpflichteten[10]) oder deren Vertreter beim Grundbuchamte erforderlich (§ 26 J.GBO.). Der Antrag ist also im japanischen Gesetz abweichend vom deutschen Gesetz, ein gemeinsamer Akt beider Parteien, kein Einzelakt. Nach deutschem Recht ist der Antrag eine an das Grundbuchamt gerichtete, empfangsbedürftige Willenserklärung einer Partei. Nach japanischem Recht ist er zwar auch eine beim Grundbuchamt abgegebene Willenserklärung,

---

[8]) Nußbaum, Lehrbuch des Deutschen Hypothekenwesens S. 19.

[9]) § 25 Abschn. 1 J.GBO. lautet: Die Eintragung kann nur stattfinden, soweit es im Gesetz nicht anders bestimmt ist, wenn ein Antrag des Berechtigten oder ein Ersuchen der Behörde gestellt ist.

[10]) Der Begriff des Eintragungsberechtigten entspricht dem des deutschen Aktivbeteiligten, und der des Eintragungsverpflichteten dem deutschen Passivbeteiligten.

aber abweichend vom deutschen Recht, muß er eine gemeinsame Willenserklärung beider Parteien sein. Deshalb fällt jede Möglichkeit der Eintragung fort, wenn der Eintragungsverpflichtete die Mitwirkung bei dem gemeinsamen Akt des Antrags ablehnt. Dadurch verliert das Grundbuchsystem sehr viel von seiner Wirkungskraft. Als Mittel zur Behebung dieses Mangels gewährt das Gesetz dem Eintragungsberechtigten einen Anspruch auf Eintragung. Der Anspruch geht darauf, bei Stellung des Antrags auf Eintragung, welcher den Zwiespalt zwischen dem materiellrechtlichen und buchmäßigen Rechtsverhältnis aufheben soll, mitzuwirken. Der Anspruch entsteht unmittelbar durch gesetzliche Bestimmung der GBO.[11]) und zwar auch in dem Falle, daß die Rechtsänderung auf der Willenserklärung der Parteien beruht. Seiner rechtlichen Natur nach ist der Anspruch, ebenso wie der deutsche Berichtigungsanspruch (§ 894 D. BGB.) dinglich[12]). Auf Grund des Anspruchs kann Klage erhoben werden und auf Grund des Urteils kann der Eintragungsberechtigte alsdann allein die Eintragung vornehmen.

Wie erwähnt, gewährt das deutsche Recht in gewissen Fällen dem mittelbar Berechtigten oder Notar die Antragsberechtigung. Die J. GBO. hat solche Bestimmung nicht. Andererseits kennt die J. GBO. das Institut der sogenannten in Vertretung ausgeführten Eintragung. Hierunter versteht man die Eintragung, die der Gläubiger, um seine Forderung zu sichern, an Stelle seines Schuldners bewirken kann[13]).

Die Bestimmung, daß der Grundbuchbeamte beim Eingehen des Antrags den genauen Zeitpunkt desselben feststellen muß, und danach die Eingänge ihrer Reihenfolge nach erledigt, ist die gleiche wie in Deutschland (§§ 47, 87 J. GBO.).

Als Ausnahmen von dem Grundsatz gemeinschaftlicher Antragstellung kennt das Gesetz folgende Fälle, in denen der Eintragungsberechtigte durch seinen einseitigen Antrag allein die Eintragung herbeiführen kann; Eintragung auf Grund gerichtlichen Urteils (§ 27), Eintra-

[11]) Eine ausdrückliche besondere Bestimmung hat die GBO. nicht; aber man kann diese Auffassung von dem § 26 J. GBO., welcher bestimmt, daß zur Eintragung der Eintragungsberechtigte und der Eintragungsverpflichtete oder deren Vertreter vor dem Grundbuchamt persönlich erscheinen müssen, um den Antrag zu stellen, ableiten. Vgl. Suehiro S. 141, Nakajima, Monographiesammlung S. 370 ff. Die Ansicht des RG. ist schwankend z. B. die Entscheidung vom 2. Aug. 1918 beruht auf der vorstehenden Ansicht. Dagegen diejenige vom 22. Nov. 1918 leitet anscheinend den Anspruch von der Willenserklärung, welche die Rechtsänderung hervorruft, ab (vgl. Suehiro S. 142 Anm. 33).

[12]) Vgl. Wolff S. 126, Planck III S. 232.

[13]) § 46a J. GBO. und § 423 BGB. Dieser, Abschn. 1, lautet: Zur Erhaltung des eigenen Forderungsrechts kann der Gläubiger Rechte, die dem Schuldner zustehen, ausüben, soweit diese nicht rein persönlicher Art sind.

gung infolge von Erbgang (§ 27), Trennung oder Vereinigung von Grundstücken oder Gebäuden (§§ 79, 91), Eintragung zum Zweck der Bewahrung des Eigentumsrechts an neuerrichteten Gebäuden (§ 106), Eintragung im Fall der Enteignung (§ 103) usw. Alle diese Ausnahmen entsprechen den Fällen im deutschen Recht, in denen ohne Bewilligung der Gegenpartei die Eintragung vorgenommen werden kann[14]).

Da grundsätzlich der Eintragungsantrag von beiden Parteien zusammengestellt werden muß, kennt das japanische Recht, abweichend vom deutschen, nicht die Eintragungsbewilligung. Derselbe Grund ist es, aus dem auch im Gebiete des materiellen Rechts dem japanischen Recht die Auflassung unbekannt ist. Jedoch muß dem Eintragungsantrag eine Urkunde, welche den Rechtsgrund der Eintragung beweist, beigefügt werden. Außerdem ist, ebenso wie im deutschen Gesetz, die Genehmigung oder Zustimmung eines eventuell betroffenen Dritten zur Eintragung erforderlich (§ 35 J. GBO.).

Die J. GBO. enthält eine ausdrückliche Bestimmung, welche dem § 40 der D. GBO. entspricht, nicht. Im § 49 Nr. 6 der J. GBO. ist jedoch bestimmt, daß der Eintragungsantrag abgewiesen wird, wenn der Name des Antragverpflichteten mit dem Grundbuch nicht übereinstimmt, ausgenommen im Fall des § 42 J. GBO.[15]). Hieraus kann man folgern, daß die J. GBO., ebenso wie die D. GBO., den Grundsatz der „Voreintragung" vertritt.

Nachweis der Voraussetzungen. Da die J. GBO. eine Eintragung nur auf persönlich gestellten Antrag beider Parteien zuläßt, erübrigt sich für sie eine dem § 29 I D. GBO. entsprechende Vorschrift. Doch bedürfen, wie nach deutschem Recht, z. B. Tod des Eingetragenen, die Erbeigenschaft des Antragstellers, die Legitimation der für einen Verein als Vorstand auftretenden Person eines Nachweises durch öffentliche Urkunden, §§ 35 Nr. 5, 41 J. GBO. Für private Vollmachten und Zustimmung von Dritten wird in Japan der grundbuchmäßige Nachweis durch das Siegelbuch erbracht.

II. Rollen.

A. Patentrolle.

1. Nach deutschem Recht.

Nach deutschem Patentrecht finden Eintragungen, abgesehen von Umschreibungen, von Amts wegen statt[16]) — Offizialprinzip[17]). Eine

---

[14]) Vgl. Wolff S. 88.

[15]) § 42 bestimmt, daß, wenn der Antragsteller Erbe des Eintragsberechtigten oder -verpflichteten ist, dem Eintragungsantrag die dieses beweisende Urkunde vom Standesamt beigegeben werden muß.

[16]) Isay S. 415, Kisch S. 233, Kent PG. II S. 34 Nr. 3, Lutter S. 185.

[17]) Vgl. Ebermayer S. 30.

ausdrückliche Bestimmung darüber gibt es nicht. Doch ergibt sich dieses Prinzip aus § 19 I PG., das im Gegensatz zu dem besonderen Fall des § 19 II von einem Antrag nichts erwähnt. Im einzelnen ergibt sich folgendes:

Umschreibung (§ 19 II PG.) findet immer[18]) statt, wenn die Rechtsänderung „zur Kenntnis" gebracht ist, d. h. also ein Antrag beim Patentamt gestellt worden ist. Antragsberechtigter ist, ebenso wie bei der Eintragung ins Grundbuch, sowohl der bisher Eingetragene oder sein Nachfolger[19]), als auch der neu Einzutragende. Zum Antrag des letzteren[20]) ist die Einwilligung des ersteren erforderlich, wenn die Änderung auf Rechtsgeschäft beruht. Ferner muß der Bewilligungserteiler in den Rollen eingetragen[21]), sowie die Änderung in beweisender Form zur Kenntnis des Patentamts gebracht worden sein[22]). Also alle Voraussetzungen sind die gleichen wie bei der Eintragung ins Grundbuch[23]).

In allen anderen Fällen (§ 19 I PG.), insbesondere bei Entstehung oder Untergang des Rechts, findet die Eintragung (Einschreibung, Löschung) ohne Antrag statt. Die Entstehung des Patentrechts geht aus der Anmeldung, welche den Antrag enthält, hervor; aber diese ist auf die Erteilung des Patents, nicht auf die Eintragung desselben gerichtet. Die unmittelbare Voraussetzung der Einschreibung ist die Patenterteilung. Wenn diese Erteilung erfolgt, findet die Einschreibung des Patentrechts von Amts wegen statt[24]). Also ist die Anmeldung nur mittelbare Voraussetzung[25]). Löschung erfolgt von Amts wegen; selbst wenn sie auf Verzicht beruht, bedarf es keines Antrags. Der Verzicht ist die materiellrechtliche Erklärung des Patentinhabers, sein Recht aufgeben zu wollen. Durch diese Willenserklärung geht das Patentrecht unter (§ 9 PG.). Wenn dieser Zustand eintritt, findet die Löschung von amtswegen statt. Für die formale rechtliche Willenserklärung, die auf Löschung gerichtet ist, bedarf es keines Löschungsantrages[26]).

---

[18]) d. h. auch im Falle einer im Wege der Erbfolge eingetretenen Änderung. Isay S. 416, Kent II S. 39, Kisch S. 285.

[19]) bzw. Vertreter.

[20]) So Isay S. 416, Kohler, Handbuch S. 536, Schanze, Register- und Rolleneinschreibung S. 35. Seligsohn S. 277 Nr. 9 sagt, auch wenn der erste den Antrag stelle, sei die Zustimmung des letzteren notwendig.

[21]) Wenn A an B und B an C übertragen läßt, dann kann C mit Übergehung des B eingetragen werden.

[22]) Was man unter beweisender Form versteht s. Isay S. 417.

[23]) Vgl. Isay S. 416, Kohler, Handbuch S. 536, Seligsohn, Patent S. 277 ff., Pat.Bl. 90, 215.

[24]) Isay S. 415, Kisch S. 283, Osterrieth S. 147.

[25]) Über den Charakter der Anmeldung s. Isay S. 143 ff.

[26]) Vgl. Kisch S. 283, Isay S. 415 Anm. 2, S. 355 ff.

2. Nach japanischem Recht.

§ 14 Abschn. 1 der Eintragungsordnung lautet: die Eintragung kann, soweit in Gesetzen oder Verordnungen nichts anderes bestimmt ist, nur stattfinden, wenn ein Antrag oder Ersuchen einer Behörde vorliegt. Also gilt, ebenso wie beim Grundbuch, das Antragsprinzip. Auch in bezug auf andere Voraussetzungen und das Verfahren der Eintragung hat man sich möglichst an die Bestimmungen der Grundbuchordnung angelehnt. Aber während 1. zum Antrag der Eintragung ins Grundbuch der Eintragungsberechtigte und -verpflichtete vor dem Grundbuchamt erscheinen müssen, ist dies zum Antrag der Eintragung in die Rollen nicht notwendig. 2. Während beim Grundbuch der Antrag zur Eintragung gemeinsam gestellt werden muß, ist dieser Grundsatz bei den Rollen durchbrochen, indem hier dem Antrag auf Eintragung die Zustimmung des Eintragungsverpflichteten nur beigefügt zu werden braucht[27]). Dies entspricht m. E. etwa dem deutschen Institut der „Eintragungsbewilligung".

Das Antragsprinzip ist mehrfach durchbrochen, und zwar in so zahlreichen Fällen, daß tatsächlich nicht viel Unterschied im Vergleich zu Deutschland besteht, welches das Offizialprinzip, und als Ausnahme das Antragsprinzip hat. So findet z. B. in Japan ebenso wie in Deutschland die Einschreibung von amtswegen statt[28]), und ebenfalls die Löschung, die nicht auf Verzicht beruht. Nur die Löschung, die auf Verzicht beruht, findet auf Antrag statt[29]).

B. Musterrolle.

1. Nach deutschem Recht.

Das D.GebrMG. § 3 Abschn. 4 bestimmt über die Umschreibung nur, daß Änderungen in der Person des Eingetragenen auf Antrag in der Rolle vermerkt werden. Weitere Voraussetzungen, wie sie das PG. und das WZG. hat, sind nicht gegeben. Aber ich lege die Bestimmung ebenso wie beim PG. aus[30]). Für die Einschreibung ist die An-

---

27) § 16 Patenteintragungsverordnung.

28) Logisch nicht richtig, weil nach J. PG. das Patentrecht durch Einschreibung entsteht. Die Anmeldung reicht bis zur Einschreibung, nicht bis zum Beschluß. Auch Schanze sagt bei der Löschung: Wenn die Eintragung keine konstitutive Wirkung hat, kann nur der Verzicht, nicht aber der Löschungsantrag, die Löschung herbeiführen — dieser Gedanke beruht im allgemeinen darauf, wo konstitutive Wirkung der Eintragung vorhanden ist, ist der Antrag direkte Voraussetzung (Register- und Rolleneinschreibung S. 61).

29) Näheres s. § 15 dieser Verordnung.

30) Vgl. Stephan S. 368, Isay S. 585, Seligsohn, PR. S. 475, Kohler, Musterrecht S. 139.

meldung, welche den Antrag enthält, nötig[31]). Abweichend vom WZG. findet hier nur die formale, nicht die materielle Prüfung, statt. Wenn diese das Ergebnis der Richtigkeit gehabt hat, muß die Einschreibung erfolgen. Daher kann man noch leichter als beim WZG.[32]) sagen, daß die Anmeldung Voraussetzung der Einschreibung ist.

Löschung durch Zeitablauf und Nichtzahlung der Gebühren findet von Amts wegen statt, Löschung durch Verzicht und Löschungsurteil erfolgt auf Antrag[33]).

2. Nach japanischem Recht.

In Japan findet die oben erklärte Eintragungsordnung beim Gebrauchsmuster entsprechende Anwendung (§ 3 Kaiserliche Verordnung über Gebrauchsmuster, die Kosten patentgerichtlicher Klagen und anderer Verfahren betr. Gebrauchsmuster sowie die Eintragung von Gebrauchsmustern). Also grundsätzlich besteht das Antragsprinzip. Aber es läßt zahlreiche Ausnahmen zu. Vgl. oben S. 63.

C. Musterregister.

1. Nach deutschem Recht.

Im D.GeschmMG. findet sich keine Bestimmung über die Umschreibung. Auch eine dem oben angeführten § 3 Abschn. 4 des GebrMG. entsprechende Bestimmung gibt es nicht. Aber m. E. ist ein Antrag nötig, weil dies ein allen Registern und Rollen sowie dem Grundbuch zugrunde liegender Grundsatz ist[34]). Daß die Anmeldung die Voraussetzung der Einschreibung bildet, ist außer Zweifel aus demselben Grunde, den ich bei der Musterrolle erwähnt habe. Über die Löschung gilt auch hier dasselbe, was ich darüber bei der Musterrolle gesagt habe[35]).

2. Nach japanischem Recht.

Hier findet ebenfalls die oben genannte Verordnung entsprechende Anwendung (§ 2 Kaiserliche Verordnung über die Kosten patentgerichtlicher Klagen und anderer Verfahren betr. Muster sowie die Eintragung von Mustern).

D. Zeichenrolle.

1. Nach deutschem Recht.

Was die Umschreibung betrifft, so sind die Voraussetzungen bei der Umschreibung in der Zeichenrolle dieselben wie diejenigen bei der

---

[31]) § 2 GebrMG. u. § 2 (insbes. d) Bestimmungen über die Anmeldung von Gebrauchsmustern. Vgl. auch Osterrieth S. 184.

[32]) Vgl. unten S. 65.

[33]) Isay S. 598, 685, Seligsohn, PR. S. 487, 492.

[34]) Kohler, Musterrecht S. 137, vgl. auch Riezler S. 487 Anm. 1.

[35]) Vgl. Riezler S. 481, Stephan S. 334.

Umschreibung in der Patentrolle, es sei denn, daß der Antragsteller der Rechtsnachfolger ist (§ 7 Abschn. 1 Satz 3)[36]).

In Fällen der Einschreibung muß zuerst, wie beim Patent, die Anmeldung, welche den Antrag enthält, vorhanden sein, daraufhin findet dann die formale und materielle Prüfung statt. Nach erfolgtem Beschluß wird dann die Einschreibung vorgenommen (§ 10 WZG.)[37]). Es fragt sich aber, ob dieser Beschluß die Voraussetzung für die Einschreibung bildet: ob, ebenso wie beim Patent, die Einschreibung auf diesen Beschluß hin von amtswegen stattfindet, oder ob man es so auffassen kann, daß die Einschreibung direkt auf der Anmeldung beruht: die Anmeldung also die direkte Voraussetzung der Einschreibung bildet. Ich möchte das letztere annehmen, und zwar aus folgenden Gründen: 1. der Antrag, in welchem die Anmeldung des Patents enthalten ist, richtet sich auf die Erteilung, dagegen bei der Zeichenrolle auf die Einschreibung (Eintragung). Beim Warenzeichenrecht gibt es keine Erteilung. Mit anderen Worten: der Antrag endet beim Patent mit der Erteilung (dem Beschluß). Aber bei dem Zeichenrecht geht er bis zur Einschreibung weiter. 2. Das Patentrecht entsteht mit der Erteilung, während das Warenzeichenrecht mit der Einschreibung entsteht. Denn der Beschluß hat beim Zeichenrecht nicht die gleiche Wirkung wie beim Patentrecht. 3. Beim Grundbuchverfahren findet in gewissen Fällen eine materielle Prüfung statt[38]), trotzdem bezweifelt niemand, daß in solchen Fällen der Antrag die Voraussetzung der Eintragung ist.

Löschung im Fall des § 8 Abs. 2 findet von amtswegen statt, im Falle des § 8 Abs. 1 und § 9 auf Antrag des Inhabers oder durch Dritte. Nämlich im Fall des § 8 Abs. 1 muß der Antrag des Inhabers vorhanden sein. Dieser Antrag ist eine formlose, aber unbedingte und unbefristete ausdrückliche Erklärung. Er kann durch ein auf Löschungserklärung hin ergehendes gerichtliches Urteil ersetzt werden (§ 894 ZPO.)[39]).

Im Fall des § 9 findet die Löschung auf Antrag des obsiegenden Klägers statt[40]). Diesem Antrag muß, anders als beim Patent, eine mit Rechtskraftattest versehene Urteilsausfertigung beigefügt werden, weil der Charakter der Patentnichtigkeitsklage ein anderer ist als hier, und weil beim Patent das Patentamt zuständig ist, beim Warenzeichen dagegen das ordentliche Gericht[41]).

---

36) Näheres Seligsohn, WZR. S. 125ff.
37) Näheres Osterrieth S. 365, Hagens S. 174, Pinzger S. 184.
38) S. unten Kap. 3, I (S. 66ff.).
39) Vgl. Busse S. 143, Osterrieth S. 370.
40) Pinzger S. 170.
41) Hagens S. 144, 163.

2. Nach japanischem Recht.

In Japan findet auch hier die oben angeführte Verordnung entsprechende Anwendung (§ 2 Kaiserliche Verordnung über die Kosten patentgerichtlicher Klagen und anderer Verfahren betr. Warenzeichen sowie die Eintragung von Warenzeichen). Also grundsätzlich besteht das Antragsprinzip. Aber es läßt zahlreiche Ausnahmen zu. Vgl. oben S. 63f.

III. Überblickt man die Voraussetzungen für die Eintragung noch einmal im Zusammenhang, so ergibt sich, daß das Grundbuchrecht Japans sehr ähnlich geregelt ist; daß die Eintragungsbewilligung Japan im Gegensatz zu Deutschland unbekannt ist, ergibt sich aus dem Erfordernis des zweiseitigen Antrags im japanischen Recht.

Anders dagegen das Rollenwesen. Hier ist in Deutschland die Eintragung in die Rollen jeweils verschieden, ganz abweichend vom Grundbuch gestaltet. Dagegen sind in Japan alle Rolleneintragungen einheitlich und dem Grundbuch sehr ähnlich. Japan ist nach dieser Richtung von dem Antragsprinzip beherrscht, das lediglich von einigen Ausnahmen durchbrochen wird. In Deutschland herrscht dagegen eine bunte Mannigfaltigkeit im einzelnen, die eines einheitlichen Gedankens entbehrt.

Kapitel 3.

Prüfung.

Die einer Eintragung vorausgehende Prüfung hat den Sinn, die Übereinstimmung zwischen Wirklichkeit und Buch herzustellen; für die schnelle Erledigung des Verfahrens jedoch und die Bequemlichkeit im Verkehr ist sie eher hinderlich. Deshalb ist es eine sehr wichtige Frage, ob und in welcher Weise vor der Eintragung eine Prüfung stattfinden soll.

I. Grundbuch.

1. Deutschland.

Welchem Prinzip das geltende Recht in der Frage der Prüfung folgt, darüber bestehen Meinungsverschiedenheiten.

Ich stimme dem Legalitätsprinzip zu: nach den geltenden Gesetzen muß der Grundbuchbeamte, ebenso wie früher, die gesetzlichen Voraussetzungen gesetzmäßig prüfen, und nur im Falle, daß diese Voraussetzungen in Ordnung sind, erfolgt die Eintragung[1]). Über diese Befugnis wird nichts ausdrückliches bestimmt, abweichend von der preußischen GBO. vom 5. Mai 1872[2]). Diese kann aber der dem Grundbuchamt gestellten Aufgabe im allgemeinen, insbesondere aus den

[1]) Planck III S. 106, Güthe S. 5.

[2]) s. Strecker, Rechte an Grundstücken S. 20.

§§ 18, 19 entnommen werden[3]). Sogar die Motive[4]) des BGB. besagen, daß die geltenden Gesetze dem Legalitätsprinzip folgen. Aber der Umfang der Prüfungspflicht ist im Vergleich zu dem früheren Gesetz in doppelter Weise eingeschränkt: Wie oben[5]) erwähnt, ist nach der geltenden GBO. für die Eintragung ins Grundbuch regelmäßig die Eintragungsbewilligung des Passivbeteiligten nötig und ausreichend. Das Vorhandensein der materiellrechtlichen Einigung ist für das Grundbuchamt nebensächlich (formelles Konsensprinzip). Deshalb erstreckt sich das Prüfungsrecht nicht auf die materiellrechtliche Einigung. Ferner aber kommt nach dem geltenden Gesetz die Rechtsänderung durch das dingliche Rechtsgeschäft zustande, und ist von dem ihm zugrunde liegenden Kausalgeschäft grundsätzlich unabhängig. Deshalb erstreckt sich das Prüfungsrecht auch im Fall des § 20 nicht auf das Kausalgeschäft.

Nach alledem hat der Grundbuchbeamte also auch unter dem geltenden Gesetz das Recht und die Pflicht, die Voraussetzungen nach dem Gesetz zu prüfen, er muß sich jedoch dabei im Bereich der ihm hierbei gezogenen Einschränkungen halten[6]).

Manche halten das Legalitätsprinzip für das Prinzip, nach welchem das Prüfungsrecht sich bis auf das Kausalgeschäft erstreckt, und da es so ein umfassendes Prüfungsrecht nach dem geltenden deutschen Recht, abweichend vom früheren Recht, nicht gibt, wird auch das Legalitätsprinzip[7]) geleugnet.

Allerdings erstreckt sich nach dem geltenden Recht das Prüfungsrecht nicht auf das Kausalgeschäft. Aber man kann darum doch nicht behaupten, daß das geltende Recht kein Legalitätsprinzip hat. Denn dieses Prinzip besagt nichts weiter als Prüfung der Gesetzmäßigkeit der Voraussetzungen, und wird nicht dadurch ausgeschlossen, daß dieser Prüfung Schranken gezogen sind. In Dernburg, Preuß. Privatrecht, welchem Wolff eine Zustimmung zu seiner eigenen Anschauung entnimmt, steht S. 507: „. . . . . so muß der Richter untersuchen, ob alle die ähnlichen Punkte liquid gestellt sind, welche Voraussetzungen solcher Rechte bilden. Dies ist das Prinzip der Legalität. . . .“ Und ferner S. 508: „Nach dem früheren preußischen Recht war der Richter nicht weniger gehalten, augenfällige Mängel des den Erwerb des ding-

[3]) Vgl. Staudinger II S. 93.

[4]) III S. 17.

[5]) S. 56ff.

[6]) Vgl. Staudinger III S. 93, Strecker, Recht an Grundstücken S. 20, Simeon I, 2 § 88, Dernburg, Preuß. Privatrecht I S. 507ff., Planck III S. 106, Strecker im Wörterbuch der Rechtswissenschaft III S. 38, Güthe I S. 5, Turnau I S. 8, Oberneck S. 56ff.

[7]) z. B. Wolff, Sachenrecht S. 90 Anm. 1, Nußbaum S. 23, Kohler, Deutsches Patentrecht S. 186, Willenbücher, GBO. § 3.

lichen Rechtes bedingenden obligatorischen Geschäfts, z. B. des Kaufgeschäftes, zu rügen und bis zu deren Beseitigung die Eintragung auszusetzen. Dies ist durch die neueren Grundbuchgesetze infolge der scharfen Trennung der dinglichen und der obligatorischen Bestandteile der Rechtsgeschäfte beseitigt. Demgemäß ist der Richter weder verpflichtet noch berechtigt, eine beantragte Eintragung oder Löschung wegen eines Mangels des zugrunde liegenden Rechtsgeschäftes zu beanstanden." Dernburg beschränkt nicht das Legalitätsprinzip auf das Prüfungsrecht, das sich nicht bis auf das Kausalgeschäft erstreckt[8]).

Andere[9]) sagen, daß das Legalitätsprinzip den Grundsatz ausspricht, daß die Prüfung sich auf den „ganzen Vorgang" erstreckt und aus diesem Grunde müsse nach diesem Prinzip das Prüfungsrecht auch das Kausalgeschäft ergreifen, ein solches Prinzip existiere aber nach den geltenden Gesetzen nicht. Allein Gegenstand des Prüfungsrechts beim Legalitätsprinzip sind nichts weiter als die gesetzlichen Voraussetzungen. Daß nicht alle, sondern nur ein beschränkter Teil dieser Voraussetzungen von der Prüfungspflicht ergriffen werden, tut dem Prinzip keinen Abbruch.

An gesetzlichen Voraussetzungen hat der Grundbuchrichter nach dem Gesetz zu prüfen:

1) Zuständigkeit, Eintragbarkeit des gewünschten Rechts, Gesetzmäßigkeit des Antrags und der Bewilligung: die Identität der beteiligten Personen, deren Rechtsfähigkeit und Geschäftsfähigkeit, eine erforderliche Einwilligung oder Genehmigung eines Dritten usw., Verfügungsrecht und Voreintragung des Passivbeteiligten, Ordnungsmäßigkeit des Nachweises.

2) Es steht ferner außer Zweifel, daß das Prüfungsrecht sich nicht erstreckt a) auf das der einzutragenden Rechtsänderung zugrunde liegende Kausalrechtsgeschäft, es sei denn in dem Falle, daß die Einigung geprüft wird (s. unten b), und das Kausalgeschäft einen Teil des dinglichen Rechtsgeschäfts bildet; b) auf die dingliche Einigung, außer im Falle des § 20 GBO.[10]). c) Der Grundbuchrichter hat keine Befugnis zur Vernehmung von Zeugen.

3) Ob und inwieweit der Grundbuchrichter auch berechtigt ist, ihm anderweitig bekannt gewordenes Material bei der Prüfung über die Eintragung zu berücksichtigen, ist bestritten. Diese Frage hat Staudinger[11]) mit Recht folgendermaßen beantwortet: Es ist freilich nicht

---

[8]) Gierke S. 207, „älteres Legalitätsprinzip".

[9]) Hedemann, Sachenrecht S. 281 ff., Heymann, im Handwörterbuch der Staatswissenschaft V S. 363.

[10]) Vgl. oben S. 58.

[11]) Staudinger III S. 121.

Pflicht des Grundbuchrichters, das materielle Recht zur Geltung zu bringen, also das Grundbuch mit der Wirklichkeit in Einklang zu bringen, noch auch allgemein die Rechte des Beteiligten zu schützen (soweit nicht etwa Sonderbestimmungen in dieser Hinsicht bestehen). Jedenfalls aber hat der Grundbuchrichter insoweit über die Übereinstimmung des Grundbuchs mit der wirklichen Rechtslage zu wachen, als er Eintragungen verhüten soll, die eine Unrichtigkeit des Grundbuchs bewirken könnten[12]). Ein weiteres Eingehen auf diese Frage würde für diese Arbeit zu weit führen.

2. Nach japanischem Recht.

Dem japanischen Recht fehlt ebenfalls eine ausdrückliche Bestimmung über das Prüfungsrecht des Grundbuchrichters. Aber es gibt eine Bestimmung, von der man dieses Recht ableiten kann: § 49 lautet: Grundbuchbeamte sollen nur in folgenden Fällen, und zwar mit begründetem Beschluß, den Antrag abweisen, es sei denn, daß der Fehler des Antrags ergänzt werden kann, und am selben Tage auch vom Antragsteller ergänzt wird: 1. Wenn die Sache für das in Anspruch genommene Grundbuchamt nicht zuständig ist; 2. wenn die Sache nicht eintragbar ist; 3. wenn die Beteiligten nicht erschienen sind; 4. wenn die Antragsschrift nicht vorschriftsmäßig ausgeführt ist; 5. wenn die Bezeichnung des einzutragenden Grundstücks oder Rechts mit der Antragsschrift und dem Grundbuch nicht übereinstimmt; 6. wenn die Bezeichnung des Eintragsverpflichteten mit dem Grundbuch und der Antragsschrift nicht übereinstimmt, es sei denn, daß die Urkunde, welche in § 42 gefordert wird, vorgelegt wird; 7. wenn die Tatsachen, die in der Antragsschrift vermerkt sind, mit den Urkunden, die den Eintragungsgrund nachweisen, nicht übereinstimmen; 8. wenn der Antragsschrift die erforderlichen Schriftstücke oder Zeichnungen nicht beigefügt sind; 9. wenn die Gebühr nicht bezahlt wird.

Der Paragraph deutet also an, daß der Grundbuchbeamte, ebenso wie in Deutschland, die Voraussetzungen nach dem Gesetz prüfen muß, und nur wenn diese in Ordnung sind, die Eintragung vornehmen darf. Wenn man die Bestimmungen dieses Paragraphen mit dem oben gesagten vergleicht, so kommt man dazu, daß der Umfang des Prüfungsrechts in beiden Ländern ziemlich der gleiche ist, und kein großer Unterschied besteht[13]). Also kann man sagen, daß auch die J.GBO., ebenso wie die deutsche, das Legalitätsprinzip (beschränkt) angenommen hat. Manche[14]) sagen, das deutsche Recht folge dem „materiellen

[12]) Vgl. dort angegebene Literatur.

[13]) Abgesehen von dem Ausnahmefall der §§ 20 und 93 der D.GBO.

[14]) Nakajima II S. 62, Hatoyama Hogaku Band 33 Teil 7 S. 47.

Legalitätsprinzip", überlasse es somit dem Grundbuchbeamten, den materiellen Grund des Antrags, insbesondere den der Eintragung zugrundeliegenden Grund zu prüfen, während das japanische Recht das „formelle Legalitätsprinzip" habe, wonach das Prüfungsrecht des Grundbuchbeamten im Bereich der formellen Voraussetzungen bleibt. Diese Meinung ist irrig, nämlich, wie oben bereits erwähnt, erstreckt sich nach deutschem Recht das Prüfungsrecht des Grundbuchbeamten grundsätzlich nicht auf die dingliche Einigung, noch weniger auf das Kausalgeschäft. In dieser Beziehung stimmen somit beide Rechte überein. Man findet also grundsätzlich keinen Unterschied. Eine Ausnahme ist allerdings, daß nach deutschem Recht das Prüfungsrecht sich im Fall des § 20 auf die materielle Einigung erstreckt, und der Grundbuchrichter die Befugnis hat, die nach § 313 des D. BGB. die zur Auflassung erforderliche Urkunde zu verlangen (§ 98 GBO.), während das japanische Gesetz solche Bestimmung nicht hat. Im Grundsatz sind jedoch beide Länder gleich.

II. Rollen.

A. Patentrolle.

1. Nach deutschem Recht.

Wie oben erwähnt, findet die Einschreibung von amtswegen statt. Deshalb gehört die Prüfung der Anmeldung eigentlich nicht hierher. Aber da die Anmeldung Voraussetzung, Grundlage[15]) der Patenterteilung ist, so muß die Prüfung der Anmeldung indirekt doch als hierher gehörig angesehen werden, weshalb einiges darüber gesagt sei.

Das deutsche Patentrecht folgt dem Grundsatz der sogenannten Vorprüfung, und enthält ausdrückliche Bestimmungen bezüglich des Prüfungsrechts und dessen Umfang (§ 21). Nach diesem Paragraphen erstreckt sich das Prüfungsrecht sowohl auf die formalen als auch auf die materiellen Voraussetzungen. Gegenstand des formalen Prüfungsrechts nach § 20 PG. ist schriftliche (für jede Erfindung besondere) Anmeldung; Antrag auf Erteilung des Patents; genaue Bezeichnung des Gegenstandes, welcher durch das Patent geschützt werden soll; Beschreibung, wonach die Benutzung der Erfindung durch andere Sachverständige möglich erscheint; Patentanspruch; beigefügte Zeichnungen, bildliche Darstellungen, Modelle und Probestücke. Das materielle Prüfungsrecht erstreckt sich darauf, ob eine patentfähige Erfindung vorliegt (§§ 1, 2, vgl. oben S. 27 ff.), und der Anmelder Träger des Patentrechts werden kann (§ 3, näheres Elster S. 297, Osterrieth S. 79, Schanze, Recht der Erfindungen S. 411 ff.).

---

[15]) Elster S. 442.

Die Ausübung des Rechts unterliegt der Offizialmaxime. Der Vorprüfer (Abteilung) hat alle zur Aufklärung der Sache erforderlichen Ermittlungen zu veranlassen. Er kann jederzeit die Ladung und Anhörung der Beteiligten, die Vernehmung von Zeugen und Sachverständigen, sowie die Vornahme sonstiger zur Aufklärung erforderlichen Ermittlungen anordnen (§ 25). Im Zweifelsfall wird zugunsten des Patentanmelders entschieden[16]).

Für die Umschreibung fehlt eine gesetzliche Bestimmung. Sowohl im Schrifttum[17]) als auch in der Praxis[18]) wird anerkannt, daß das Prüfungsrecht sich nicht auf den materiellen dinglichen Bereich, d. h. das Übertragungsgeschäft und das diesem zugrunde liegende Kausalgeschäft erstrecken darf. Einen Grund findet man nur bei André (S. 358) und Kent (II S. 38). Ich stimme dem aus folgenden Gründen zu:

Die Prüfung der Wirkung des Rechtsgeschäfts fällt nicht unter die Aufgaben des Patentamts (bzw. Registeramts). Die Entscheidung über die Rechtsgültigkeit des Rechtsgeschäft gehört eigentlich zu den Aufgaben des ordentlichen Gerichts, aber nicht in den Bereich des Patentamts oder Registeramts. Um daher eine solche Tätigkeit des Patentamts anzuerkennen, müßte eine besondere Bestimmung vorhanden sein, sie ist jedoch im PG. nicht enthalten. Wenn eine Bestimmung existieren würde, die dem Patentamt die Anhörung der Berechtigten oder Vernehmung der Zeugen zuerkennt, dann könnte man daraus folgern, daß das Patentamt die obengenannte Aufgabe hätte. Aber eine solche Bestimmung fehlt ebenfalls[19]). Einen weiteren Grund für die Nichtprüfung des materiellen Geschäfts bei der Umschreibung ergibt folgende Überlegung:

In § 19 Abs. 2 steht: „. . . wenn sie in beweisender Form zur Kenntnis des Patentamts gebracht ist. . . .“. Diese Bestimmung bedeutet, daß nur beweisende Form nötig ist, und soweit diese Voraussetzung erfüllt ist, die Eintragung erfolgen muß.

Das Prüfungsrecht des Patentamts bleibt nach alledem bei der Umschreibung im normalen Bereich, es darf sich nicht auf materielle Voraussetzungen erstrecken, der Umfang des Prüfungsrechts ist mithin grundsätzlich derselbe wie beim Grundbuch, nur, daß es eine dem § 20 GBO. entsprechende Ausnahme nicht gibt[20]).

---

[16]) Vgl. Seligsohn, Patent S. 324, Schanze, Recht der Erfindungen S. 416 ff.

[17]) Kisch S. 286, André S. 358, Seligsohn, Patent S. 279, Kent, Patent II S. 38, Ebermayer S. 30, Allfeld S. 194, Damme S. 103

[18]) Patentamt Bl. 04, S. 274, M. u. W. 15, S. 243.

[19]) Kent, Patent II S. 33 Nr. 14.

[20]) Vgl. Kisch S. 286, Kent, Patent II S. 38 Nr. 14.

Entsprechendes gilt auch für die Löschung, allerdings fehlt eine dem § 19 II entsprechende Bestimmung. Aber logisch muß man annehmen, daß das Prüfungsrecht sich nicht auf materielle Voraussetzungen erstreckt[21]).

2. Nach japanischem Recht.

Was zunächst die Einschreibung betrifft, so kennt das J. PG. ebenso wie das deutsche das Prüfungsprinzip[22]). Das Prüfungsrecht des PA. (Prüfer) erstreckt sich, ebenso wie in Deutschland, sowohl auf die formalen als auch auf die materiellen Voraussetzungen (§§ 70ff. J. PG.). Die Ausübung des Prüfungsrechts unterliegt der Offizialmaxime. Der Prüfer hat ebenso wie in Deutschland alle zur Aufklärung der Sache erforderlichen Ermittlungen zu veranlassen (§§ 80 u. 100 J. PG.)[23]).

Für die Umschreibung und Löschung fehlt ebenso wie im D. PG. eine positive Bestimmung. M. E. erstreckt sich das Prüfungsrecht, ebenso wie in Deutschland, nicht auf die materielle Gültigkeit des Rechtsgeschäfts, und zwar auf Grund der obigen Erwägungen und § 36 der Patenteintragungsverordnung, welcher lautet: Der Antrag auf Eintragung wird abgewiesen wenn 1. die Sache nicht eintragungsfähig ist; 2. das Antragsschreiben den Formerfordernissen nicht entspricht; 3. die Angaben nach § 24 Abs. 1 im Widerspruch mit der Patentrolle stehen; 4. abgesehen von dem nach § 31 Nr. 2 beizufügenden Schriftstück die Bezeichnung des Eintragungsverpflichteten in dem Antragsschreiben der Patentrolle widerspricht; 5. die Bezeichnung des Antragstellers, auf dessen Namen schon eine Eintragung steht, nicht mit den Eintragungen der Patentrolle übereinstimmt; 6. die Bezeichnung des Vertreters den Eintragungen der Patentrolle oder der erfolgten Anzeige nicht entspricht; 7. die in dem Antrag angegebenen Tatsachen nicht mit dem Inhalt des den Rechtsgrund der Eintragung nachweisenden Schriftstücke übereinstimmen; 8. die erforderlichen Unterlagen dem Antrag nicht beigefügt sind; 9. die Eintragungsgebühr nicht entrichtet ist. Die auf Grund des vorstehenden Absatzes erfolgende Abweisung ist mit Gründen zu versehen.

B. Musterrolle.

1. Nach deutschem Recht.

Über die Einschreibung sagt § 3 Abschn. 1 des D. GebrMG.: Entspricht die Anmeldung den Anforderungen des § 2, so verfügt das

---

[21]) Vgl. Kisch S. 284.

[22]) Gegensatz: Anmeldeprinzip in Frankreich. Vgl. Jizuka S. 23 Anm. 54, Kohler, Handbuch S. 31 ff.

[23]) Vgl. oben S. 70, Jizuka S. 23 ff., Yoshihara, Patent S. 223 ff.

Patentamt die Eintragung in die Rolle für das Gebrauchsmuster. Das Prüfungsrecht des Patentamts erstreckt sich nur auf die Voraussetzungen des § 2, nicht auf die materiellen Voraussetzungen, nämlich Schutzfähigkeit des Musters (Anmeldeprinzip)[24]. Es fragt sich aber erstens, ob es zur formalen Prüfung des Patentamts gehört, festzustellen, ob überhaupt ein Modell vorliegt. Diese Fragen möchte ich bejahen, und zwar weil nach § 2 Abs. 2 angegeben werden muß, welche neue Gestaltung oder Vorrichtung den Arbeits- oder Gebrauchszwecken dienen soll[25], und weil die Musterrolle ein öffentliches Buch ist, um Gebrauchsmuster einzutragen. Weiter fragt es sich, ob das Patentamt das Modell auf Gesetz- und Sittenwidrigkeit zu prüfen hat. Allfeld (S. 398), Neuberg (S. 87), Seligsohn (Patentrecht S. 472) und die Praxis des Patentamts (Bescheid vom 11. Juli 1916) bejahen diese Frage. Isay (S. 583) verneint sie. M. E. ist die erste Ansicht richtig, weil es selbstverständliche Pflicht der Beamten eines Rechtsstaates ist, das Gesetz zu schützen und die guten Sitten zu erhalten: besondere Bestimmungen hierzu sind nicht notwendig.

Bei der Umschreibung erstreckt sich, wie bei der Patentrolle, das Prüfungsrecht nicht auf die materiellen Voraussetzungen, weil ihre Prüfung mangels besonderer gesetzlichen Bestimmung nicht zur Aufgabe des Patentamts gehört, und weil im § 22 der Verordnung zur Ausführung des Patentgesetzes vom 7. April 1891 und des Gesetzes betr. den Schutz von Gebrauchsmustern vom 1. Juni 1891 steht: „. . . sind in beweisender Form zur Kenntnis des Patentamts zu bringen“. (Vgl. oben S. 71).

Für die Löschung findet ebenfalls das bei der Patentrolle Gesagte entsprechende Anwendung.

2. Nach japanischem Recht.

Das japanische Musterrecht hat dieselben Bestimmungen wie das J. PG.:

Bei der Einschreibung findet, abweichend vom deutschen Recht, die formale und materielle Prüfung statt — Prüfungssystem, im Gegensatz zum Anmeldesystem (§ 21 GebrMG.). Welches System vorteilhafter ist, ist fraglich[26]. Aber das japanische Recht hat von dem folgenden Standpunkt aus das Prüfungssystem angenommen: das Gebrauchsmusterrecht ist ausschließlicher, absoluter Natur, darum muß man bei Erteilung desselben vorsichtig sein. Wenn die Eintragung ohne eingehende Prüfung stattfindet, so würde unter Umständen das Recht

---

[24]) Vgl. Allfeld S. 398, Kohler, Musterrecht S. 109, Neuberg S. 86, Elster S. 265, Seligsohn, Patent S. 472, Osterrieth S. 139, Isay S. 582.

[25]) Kohler, Musterrecht S. 108.

[26]) Vgl. Kohler, Musterrecht S. 108 ff., Jizuka S. 55 Anm. 15.

des früheren Anmelders verletzt oder ein eigentlich nicht einzutragendes Muster eingetragen. Somit würde häufig nach der Entstehung des Rechts eine Nichtigkeitsklage oder sonstige Klage entstehen[27]).

Für die Umschreibung und Löschung finden ebenfalls die patentgesetzlichen Bestimmungen entsprechende Anwendung (§ 3 Kaiserliche Verordnung über Gebrauchsmuster, die Kosten patentgerichtlicher Klagen und anderer Verfahren betr. Gebrauchsmuster sowie die Eintragung von Gebrauchsmustern).

C. Musterregister.

1. Nach deutschem Recht.

Über die Einschreibung handelt § 10: Die Eintragungen in das Musterregister werden bewirkt, ohne daß eine zuvorige Prüfung über die Berechtigung des Antragstellers oder über die Richtigkeit der zur Eintragung angemeldeten Tatsachen stattfindet. Durch diesen Paragraph ist klar, daß es ein materielles Prüfungsrecht nicht gibt. Das Registeramt hat aber das Recht, die formalen Voraussetzungen zu prüfen. Zwar fehlt darüber, abweichend vom GebrMG., eine ausdrückliche Bestimmung[28]), sie kann aber, wie ich oben beim Grundbuchamt erörtert habe, aus der dem Registeramt gestellten Aufgabe im allgemeinen entnommen werden. § 10 des GeschmMG. verweigert nur das materielle Prüfungsrecht. Er zeigt nur, daß das Gesetz auf dem Anmeldesystem beruht. Das Registeramt hat das Recht, die formalen Voraussetzungen, z. B. die in §§ 7, 9 des Mustergesetzes und in § 5 der Bestimmungen über die Führung des Musterregisters enthalten sind, zu prüfen[29]). Es ergeben sich nun hier ebenso wie bei der Musterrolle zwei Fragen, nämlich ob das Registeramt prüfen kann 1. ob überhaupt ein Muster vorliegt, und 2. ob dasselbe gesetz- und sittenwidrig ist. Die erste Frage wird von den meisten Autoren bejaht[30]). Ich möchte dieser Ansicht ebenfalls zustimmen, und zwar aus demselben Grunde, den ich bei der Musterrolle angegeben habe, jedoch möchte ich hier statt § 2 GebrMG., § 6 der Bestimmung über die Führung des Musterregisters heranziehen. Über die zweite Frage findet man in der Literatur nichts. Ich möchte sie aus demselben Grunde, wie ich bei der Musterrolle angegeben habe, positiv beantworten[31]).

Über die Umschreibung oder Löschung gibt es keine posi-

---

[27]) Yoshihara, Musterrecht S. 230 f.

[28]) § 3 GebrMG.

[29]) Vgl. Neuberg S. 41, Allfeld S. 343 ff.

[30]) Riezler S. 484, Kohler, Musterrecht S. 108, Neuberg S. 42, Dambach, Mustergesetz S. 64.

[31]) Vgl. Art. 17 Abs. 2 Schweizer Gesetz betr. die gewerblichen Muster und Modelle vom 30. März 1900.

tive Bestimmung, aber ich möchte die Fälle wie bei der Patentrolle behandeln.

2. Nach japanischem Recht.

Das J. GeschmMG. bestimmt bezüglich der Eintragungen, ebenso wie beim GebrMG., daß die patentgesetzlichen Bestimmungen entsprechende Anwendung finden. (§ 2 Kaiserliche Verordnung über die Kosten patentgerichtlicher Klagen und andere Verfahren betr. Muster sowie Eintragung von Mustern.) Also abweichend vom deutschen Recht. Bei der Einschreibung findet eine formale und materielle Prüfung statt[32], bei der Umschreibung und Löschung nur die formale Prüfung.

D. Zeichenrolle.

1. Nach deutschem Recht.

Für die Einschreibung findet § 21 des PG. hier entsprechende Anwendung (§ 10 WZG.). Das Warenzeichenrecht beruht auf dem Vorprüfungssystem. Das Prüfungsrecht erstreckt sich auf die materielle und formale Seite: das formale Prüfungsrecht erstreckt sich auf die Anforderungen des § 2 und diejenigen der Bestimmungen über die Anmeldung von Warenzeichen vom 8. Sept. 1922[33]. Das materielle Prüfungsrecht erstreckt sich darauf, ob ein angemeldetes Zeichen schutzfähig ist (vgl. oben Abschn. II Kapitel 1).

Für andere Eintragungen finden die bei der Patentrolle gegebenen Erklärungen entsprechende Anwendung. Vgl. § 7 WZG.[34].

2. Nach japanischem Recht.

Die patentgesetzlichen Bestimmungen finden hier, ebenso wie bei der Musterrolle und dem Musterregister entsprechende Anwendung. (§ 2 Kaiserliche Verordnung über die Kosten patentgerichtlicher Klagen und anderer Verfahren betr. Warenzeichen, sowie die Eintragung von Warenzeichen.) Also: bei der Einschreibung findet formale und materielle, bei der Umschreibung nur formale Prüfung statt.

Ein Vergleich mit dem D. WZR. zeigt, daß beide völlig übereinstimmen.

III. Wenn man die Regelung der Prüfungspflicht der beiden Länder Deutschlands und Japans miteinander vergleicht, so zeigt sich im Gebiete des Grundbuchrechts, daß der Grundsatz des beschränkten Legalitätsprinzips in Deutschland wie in Japan anerkannt ist und nur in Deutschland abweichend von Japan in einem Ausnahmefall (Auf-

---

[32]) Im portugiesischen, schwedischen usw. Gesetz findet teilweise materielle Prüfung statt, s. Kohler, Musterrecht S. 109.

[33]) Vgl. Elster S. 404.

[34]) Näheres Seligsohn, Zeichen S. 125 Anm. 9, Hagens S. 142, Pinzger S. 138.

lassung) zugunsten der Prüfung der materiellen dinglichen Einigung durchbrochen ist.

Im Rollenwesen unterscheiden sich Deutschland und Japan insofern, als in Fällen der Einschreibung in Japan eine materielle Prüfung bei Eintragung in sämtliche Rollen stattfindet, während in Deutschland nur bei der Patent- und Zeichenrolle, nicht aber bei den anderen Rollen, eine materielle Prüfung stattfindet. In Fällen der Umschreibung findet eine materielle Prüfung weder in Deutschland noch in Japan statt, und zwar gilt dies gleichermaßen für sämtliche Rollen.

Kapitel 4.

Vollzug der Eintragung.

Nachdem ich im vorhergehenden Kapitel das nähere bezüglich der Prüfung erörtert habe, möchte ich jetzt das Verfahren nach der Prüfung kurz betrachten.

I. Grundbuch.

1. Nach deutschem Recht.

Steht einer beantragten Eintragung ein Hindernis entgegen, so hat das Grundbuchamt entweder den Antrag unter Angabe der Gründe zurückzuweisen oder dem Antragsteller eine angemessene Frist zur Hebung des Hindernisses zu bestimmen. Im letzteren Fall ergeht eine sogenannte temporisierende Zwischenverfügung und es wird dem unzulänglichen Antrag sein Zeitvorrang bei späteren Anträgen gesichert. (§ 18 GBO.).

Ist der Antrag begründet, so wird die Eintragung vom Grundbuchrichter durch Verfügung in den Grundakten angeordnet und vom Grundbuchführer ausgeführt. Jede Eintragung soll mit ihrem Datum und der Unterschrift des Grundbuchbeamten geschehen (§ 45 GBO.). Wenn mehrere Eintragungen vorliegen, so muß der Rang, entsprechend dem Zeitpunkt des Antrags, bei der Eintragung kenntlich gemacht werden, entweder durch Datierung oder durch Rangvermerk; letzterer ist notwendig, um Ranggleichheit für zwei Rechte derselben Abteilung, oder Rangverschiedenheit für zwei am gleichen Tage eingetragene Rechte verschiedener Abteilungen einzutragen (§ 46 GBO) [1]).

Bei der Eintragung ist das einzutragende Objekt, Recht oder Rechtsänderung nach Art, Inhalt und Person des Berechtigten bestimmt zu bezeichnen. Dies nennt man das Spezialprinzip. Dieses Prinzip hängt mit der Aufgabe des Grundbuchs, alle Rechtsverhältnisse offenkundig zu machen, zusammen [2]).

---

[1]) Vgl. Wolff S. 92f., Crome III S. 130f. Vgl. auch unten S. 110f.

[2]) Vgl. Crome a. a. O. S. 131.

Das Grundbuchamt muß von amtswegen von jeder Eintragung den Antragsteller, den eingetragenen Eigentümer und alle beteiligten Personen, die aus dem Grundbuch ersichtlich sind, benachrichtigen. Wird ein neuer Eigentümer eingetragen, so ist dies auch den eingetragenen Pfandgläubigern und Reallastberechtigten mitzuteilen (§ 55 GBO., in der Fassung des Ges. vom 14. Juli 1905). Dies dient auch zur Erfüllung der am Anfang dieser Arbeit genannten Zwecke des Grundbuchs[3]). Eine öffentliche Bekanntmachung, wie sie sich bei Rollen oder anderen Registern findet, erfolgt übrigens nicht.

2. Nach japanischem Recht.

Wie oben gesagt[4]), muß nach § 49 J. GBO. der Fehler im Antrag am selben Tage ergänzt werden, sonst wird er abgewiesen: es gibt also, abweichend vom deutschen Recht, keine temporisierende Zwischenverfügung. Weil eine sofortige Zurückweisung sehr hart wäre[5]), wird in der Praxis diese Bestimmung nicht so streng durchgeführt.

Nach Vollzug der Eintragung muß der Grundbuchbeamte auf dem Duplikat der Antragsschrift (oder auf der Urkunde, welche den Rechtsgrund der Eintragung beweist)[6]) die Eintragungsnummer, Datum und Nummer des Eingangs der Antragsschrift, Rangnummer und Angabe der vollendeten Eintragung vermerken, sowie den Stempel des Grundbuchamts beidrücken und das Schriftstück dem Eintragungsberechtigten zurückgeben (§ 60 GBO.). Diese nennt man Eintragungsausfertigungsurkunde.

Das weitere Verfahren ist das gleiche wie in Deutschland.

II. Rollen.

A. Patentrolle.

1. Nach deutschem Recht.

Wenn es sich herausstellt, daß die formalen Voraussetzungen nicht genügen oder eine patentfähige Erfindung nach §§ 1, 2, 3 Abs. 1 nicht vorliegt, so wird die Anmeldung zurückgewiesen (§ 22 PG.). Im anderen Fall wird die Bekanntmachung der Anmeldung beschlossen (§ 23 PG.). Auf Grund der Bekanntmachung kann innerhalb von zwei Monaten Einspruch gegen die Erteilung des Patents erhoben werden (§ 24 PG.). Ist diese Frist ohne Einlegung von Einspruch verstrichen oder hat das Einspruchsverfahren die Sache zur Entscheidung reif gemacht, so hat das Patentamt über die Erteilung des Patents Beschluß zu fassen.

---

3) Vgl. Kohler, Sachenrecht S. 79.

4) S. 69.

5) Vgl. Wolff S. 84.

6) Vgl. oben S. 61.

Daraufhin erfolgt die Einschreibung in die Patentrolle und die Ausfertigung der Patenturkunde. Die Erteilung wird außerdem im Patentblatt veröffentlicht (§ 27 PG.).

Über die Umschreibung fehlt eine gesetzliche Bestimmung. In der Praxis wird die Umschreibung durch das Patentamt vorgenommen, wenn alle Voraussetzungen in Ordnung sind. Ergibt sich ein Zweifel daraus, ob der Erklärende zur Erklärung berechtigt ist, so ist die Umschreibung bis zur Aufklärung des Widerspruchs abzulehnen (näheres s. Isay zu § 19 Anm. 4).

2. Nach japanischem Recht.

Für die Einschreibung gilt dasselbe Verfahren wie in Deutschland. Wenn alle Voraussetzungen in Ordnung sind, wird die Bekanntmachung der Anmeldung beschlossen. Wenn in der bestimmten Frist, die auf Grund der Bekanntmachung zur Erhebung von Einspruch festgesetzt ist, ein Einspruch nicht erhoben worden ist, dann wird seitens des Patentamts der Beschluß gefaßt, das Patent zu erteilen. Daraufhin wird es von amtswegen eingeschrieben, die Patenturkunde wird erteilt und es wird im Patentblatt veröffentlicht (§§ 62, 63, 73, 74, 77 PG.), wobei zu beachten ist, daß nach dem J. PG. das Patentrecht erst mit der Einschreibung entsteht[7]).

Bei Umschreibung und Löschung ist das Verfahren ungefähr das gleiche wie im Grundbuch; im Falle, daß die Voraussetzungen fehlerhaft sind, wird der Antrag mit begründetem Beschluß abgelehnt (§ 36 der Patenteintragungsverordnung[8]). Wenn die Voraussetzungen in Ordnung sind, erfolgt die Eintragung. Dann wird dem Eintragungsberechtigten die Eintragungsausfertigungsurkunde erteilt und dem Nächstbeteiligten der Eintrag bekannt gemacht (§§ 59—62 der Ausführungsbestimmungen betr. die Patenteintragung).

B. Musterrolle.

1. Nach deutschem Recht.

Ergibt die Prüfung einen Mangel, so wird der Antrag zurückgewiesen, allerdings wird eine Richtigstellung innerhalb einer bestimmten Frist anheimgestellt. Sind die Voraussetzungen in Ordnung, dann wird seitens des Patentamts die Eintragung vorgenommen, und später im Patentblatt veröffentlicht[9]).

Umschreibung und Löschung erfolgt ebenso wie in der Patentrolle.

2. Nach japanischem Recht.

Einschreibung und andere Eintragungen werden in derselben Weise erledigt wie in der Patentrolle (§ 26 GebrMG.; § 3 Kaiserliche Ver-

[7]) Näheres unten Dritter Teil (S. 94).

[8]) S. oben S. 70.

[9]) Vgl. Osterrieth S. 189f., Isay S. 584ff.

ordnung über Gebrauchsmuster, die Kosten patentgerichtlicher Klagen und anderer Verfahren betr. Gebrauchsmuster, sowie die Eintragung von Gebrauchsmustern; Bekanntmachung über die Eintragung von Gebrauchsmustern). Das J. GebrMG. hat also, im Gegensatz zum deutschen, das Institut der Bekanntmachung der Anmeldung und des Widerspruchs.

C. Musterregister.

1. Nach deutschem Recht.

Wenn die Prüfung ergibt, daß die Voraussetzungen in Ordnung sind, dann erfolgt die Eintragung in das Register, und außerdem erfolgt eine allmonatliche Bekanntmachung im Deutschen Reichsanzeiger (§ 9 Abschn. 6 GeschmMG. und § 10 Bestimmungen über die Führung des Musterregisters). Alles übrige geschieht in derselben Weise wie bei der Musterrolle.

2. Nach japanischem Recht.

Die Einschreibung wird in derselben Weise vorgenommen wie bei der Patentrolle. Wie oben gesagt ist, haben das J. GebrMG. ebenso wie das Patentrecht die Rechtsinstitution der Bekanntmachung der Anmeldung. Das J. GeschmMG. hingegen kennt eine solche Einrichtung nicht. Wenn die Prüfung keinen Grund zur Ablehnung gefunden hat, wird der Beschluß zur Eintragung gefaßt.

Der Grund der abweichenden Behandlung ist folgender: Das Geschmacksmuster, das oftmals von der Mode abhängig ist, kann leicht mit dem Fortschreiten der Zeit wertlos werden. Daher legt der Anmelder den größten Wert darauf, möglichst schnell eingetragen zu werden[10]. Wenn das Recht eines anderen verletzt wird, kann die Löschung auch noch nach der Eintragung erfolgen.

Einen Geschmacksmusteranzeiger gibt es nicht. Alles übrige erfolgt ebenso wie bei der Patentrolle (§ 25 GeschmMG.; § 2 Kaiserliche Verordnung über die Kosten patentgerichtlicher Klagen und anderer Verfahren betr. Muster, sowie die Eintragung von Mustern; § 1 Ausführungsbestimmungen betr. die Eintragung von Mustern).

D. Zeichenrolle.

1. Nach deutschem Recht.

Wenn bei der Anmeldung ein Fehler gefunden wird, wird der Antrag, ebenso wie bei der Patentrolle, abgewiesen, oder die Richtig-

---

[10]) So auch Yoshihara, Muster S. 374. Nicht zutreffend Jizuka S. 62, der mit Unrecht darauf verweist, daß das Geschmacksmuster zur Ausnutzung in dem kurzen Zeitraum möglichst geheim gehalten werden muß. Das Gebrauchsmuster genießt jedoch auch keinen längeren Schutz als das Geschmacksmuster (10 Jahre). Trotzdem findet dort eine Bekanntmachung vor der Eintragung statt.

stellung in einer bestimmten Frist anheimgestellt (WZR. § 10, § 23 PG.). Wenn alles in Ordnung ist, erfolgt die Eintragung und Veröffentlichung. Die Umschreibung wird in derselben Weise vorgenommen wie bei der Patentrolle.

2. Nach japanischem Recht.

Beim J. WZR. finden die patentgesetzlichen Bestimmungen entsprechende Anwendung, nur, daß dasselbe, abweichend vom D. WZR., die Institution der Bekanntmachung der Anmeldung kennt (§ 24 WZG.; § 2 Kaiserliche Verordnung über die Kosten patentgerichtlicher Klagen und anderer Verfahren betr. Warenzeichen, sowie die Eintragung von Warenzeichen; § 1 Ausführungsbestimmungen betr. die Eintragung von Warenzeichen).

Dritter Teil:

Wirkung des Grundbuchs und der Rollen.

Abschnitt I.

Formelle Wirkung: Die Öffentlichkeit.

Grundbuch und Rollen sollen die Rechtsverhältnisse, die am Grundstück und den Immaterialgütern bestehen, bekannt machen, deshalb sind sie öffentlich[1]). Die Formen der Öffentlichkeit und ihr Umfang sind jedoch bei den einzelnen Büchern und Rollen verschieden.

I. Grundbuch.

1. Deutschland.

§ 11 der GBO. lautet: Die Einsicht in das Grundbuch ist jedem gestattet, der ein berechtigtes Interesse darlegt. Das gleiche gilt von Urkunden, auf die im Grundbuche zur Ergänzung einer Eintragung Bezug genommen ist, sowie von den noch nicht erledigten Eintragungsanträgen. Soweit die Einsicht des Grundbuchs, der im Abs. 1 bezeichneten Urkunden und der noch nicht erledigten Eintragungsanträge gestattet ist, kann eine Abschrift gefordert werden; die Abschrift ist auf Verlangen zu beglaubigen. Danach ist also nicht nur das Grundbuch, sondern auch die Grundakten öffentlich. Auch ist nicht nur Einsichtnahme gestattet, sondern man kann sich auch Abschriften erteilen lassen. Jedoch nur, sofern ein berechtigtes Interesse besteht.

Der Ausdruck „berechtigtes" Interesse ist ein Begriff, welcher zwischen dem rechtlichen und dem schikanösen Interesse liegt, das „berechtigte" geht weiter als das rechtliche; dies ist die herrschende Meinung[2]), und ergibt sich klar aus der Entstehungsgeschichte des § 11. Die Kommission beschloß, den Ausdruck rechtliches Interesse durch „begründetes Interesse", und danach durch „berechtigtes Interesse" zu ersetzen, und begründete es damit, daß der Begriff „rechtliches Interesse" ein schon existierendes subjektives Recht bedinge. Ein Vertreter der Regierung machte der Kommission den Vorschlag dieser

---

[1]) Man nennt dies das formelle Publizitätsprinzip. Vgl. Planck III S. 106, Fuchs S. 48, Adler, Publizitätsprinzip S. 3 Anm. 3.

[2]) Anders: Dorner 3 zu § 34.

Abänderung und betonte noch besonders, daß der Begriff „berechtigtes Interesse“ sich schon verschiedentlich in den Gesetzen vorfände, z. B. in § 193 StGB., im § 824 BGB. und im § 76 ZVG. Es solle in keinem Fall gefordert werden, daß ein Recht existieren müsse, auf das sich das Interesse gründet, sondern die Meinung des Richters solle ausschlaggebend sein, ob der Antrag zur Einsichtnahme des Grundbuchs „berechtigt“ ist. Die vorgeschlagene Abänderung wurde angenommen. Das „berechtigte“ Interesse geht also weiter als das „rechtliche“, aber es darf nicht die Grenze der Schikane überschreiten. Sowie es in das Gebiet der Schikane fällt, kann es niemals mehr ein „berechtigtes“ sein [3]).

Ob ein „berechtigtes Interesse“ vorhanden ist, muß man nach diesen beiden Maßstäben und jedem einzelnen Fall bestimmen. Immer, wenn ein rechtliches Interesse vorliegt, liegt auch ein „berechtigtes Interesse“ vor. Es liegt aber auch dann vor, wenn wirtschaftliche und wissenschaftliche Interessen in Frage kommen, z. B. Interesse an der Kenntnis der praktischen Handhabung des Rechts durch das Grundbuchamt, und Interesse des Lokalhistorikers und Statistikers an der Einsicht von Grundbuchblättern. Als „berechtigtes Interesse“ gilt jedoch niemals: Neugier, Zeitvertreib, und der Wunsch, Material zur Strafanzeige gegen einen Feind zu erhalten [4]).

Wie ausgeführt, ist die Öffentlichkeit des Grundbuchs beschränkt, aber die Beschränkung geht nicht sehr weit [5]). Ferner wird die Öffentlichkeit erweitert durch die Vorschrift des § 55 GBO. [6]). Näheres oben Zweiter Teil, Abschnitt IV, Kapitel 4 (S. 77).

2. Japan.

In bezug auf die Öffentlichkeit des Grundbuchs wird das japanische Recht von sehr ähnlichen Grundsätzen beherrscht wie das Deutschlands. § 21 J. GBO., der dem § 11 der D. GBO. entspricht, bestimmt, daß jeder gegen eine Gebühr Abschriften und Auszüge aus dem Grundbuch verlangen kann, und, soweit er ein berechtigtes Interesse hat, Grundbuch und Grundakten einsehen kann. Für Einsichtnahme ist danach ein berechtigtes Interesse erforderlich, nicht aber für die Erteilung von Abschriften und Auszügen. Ein logischer Grund für diese Regelung ist nicht ersichtlich. Die einheitliche Regelung des deutschen Rechts in diesem Punkt verdient den Vorzug.

---

[3]) Schlegelberger S. 388, Lutter zu § 19 Anm. 5.

[4]) Wolff S. 79, Schlegelberger S. 388 ff.

[5]) Nach hamburgischem und lübeckischem Recht besteht überhaupt keine Beschränkung. Nach preuß. Recht können Behörden und Beamte Einsicht nehmen, ohne berechtigtes Interesse nachzuweisen. §§ 32, 36 Allg. Vfg.

[6]) Kohler, Sachenrecht S. 79.

II. Rollen.

Die Öffentlichkeit der Rollen geht weiter als die des Grundbuchs sowohl in Deutschland wie in Japan.

1. Deutschland.

a) Das PG. bestimmt in § 19 Abs. III: Die Einsicht der Rollen, der Beschreibungen, Zeichnungen, Modelle und Probestücke, auf Grund deren die Erteilung der Patente erfolgt ist, steht, soweit es sich nicht um ein im Namen der Reichsverwaltung für die Zwecke des Heeres oder der Flotte erteiltes Patent handelt, jedermann frei. Das GebrMG. § 3 Abs. 5 bestimmt: Die Einsicht der Rolle sowie der Anmeldungen, auf Grund deren die Eintragungen erfolgt sind, steht jedermann frei. Das GeschmMG. § 11 sagt: Es ist jedermann gestattet, von dem Musterregister und den nicht versiegelten Mustern und Modellen Einsicht zu nehmen und sich beglaubigte Auszüge aus dem Musterregister erteilen zu lassen. In Streitfällen darüber, ob ein Muster oder Modell gegen Nachbildung geschützt ist, können zur Herbeiführung der Entscheidung auch die versiegelten Pakete von der mit der Führung des Musterregisters beauftragten Behörde geöffnet werden. Das WZG. sagt in § 3 Abs. 2: Die Einsicht der Zeichenrolle steht jedermann frei.

Mit Ausnahme des Geheimpatents (§ 19 Abs. III PG.) ist also die Einsicht in die Rollen, sowie auch in die Beschreibungen und Zeichnungen frei für jedermann. Für das Verlangen der Erteilung von Abschriften gibt es keine Vorschriften (ausgenommen im GeschmMG.). Aber m. E. muß man ihm in demselben Umfange entsprechen, wie die Gesetze die Einsichtnahme gestatten. Das WZG. sagt zwar über die Einsicht in die Beschreibungen, Modelle und Probestücke nichts. Nach Hagen WZG. § 3 Anm. 11 gehören zur Rolle aber auch die der Darstellung beigegebenen Beschreibungen, sowie Modelle und Probestücke, weshalb die Einsichtnahme auch in sie gestattet ist[7]).

b) Die Öffentlichkeit gilt auch für die Akten (und zwar sowohl für die der Patentrolle wie für die der Musterrolle), aus der jedermann Abschriften verlangen kann. Vgl. § 29 der Verordnung zur Ausführung des Patentgesetzes vom 7. April 1891 und des Gesetzes betr. den Schutz von Gebrauchsmustern vom 1. Juni 1891:

> „Das Patentamt kann nach seinem Ermessen von den bei ihm beruhenden Eingaben und Verhandlungen, soweit die Einsicht in dieselben gesetzlich nicht beschränkt ist, an jedermann Abschriften und Auszüge gegen Einzahlung der Kosten erteilen."

Auch Einsichtnahme ist selbstverständlich insoweit gestattet[8]).

---

[7]) Ebenso gehören in Japan die Beschreibungen und Zeichnungen zur Rolle nach § 11 der Patenteintragungsverordnung.

[8]) Vgl. Damme S. 111.

Nach der Erteilung und Bekanntmachung des Patents kann nur derjenige Einsicht nehmen und Abschriften verlangen, der ein berechtigtes Interesse nachweist. Früher hatte das Patentamt die Öffentlichkeit ohne Beschränkung gestattet, neuerdings hingegen verlangt das Patentamt wie das Freiw. Gerichtsbarkeitsgesetz § 34 und GBO. § 11 für die Öffentlichkeit der Akten ein berechtigtes Interesse (Pat.Bl. 13, 380; 18, 8). Der Begriff des berechtigten Interesses wird in der Literatur hier strenger ausgelegt als in § 11 GBO. Berechtigt ist ein Interesse nur dann, wenn es mit der rechtlichen Bedeutung der Rechtsakte des Erteilungsverfahrens zusammenhängt und rechtliche Verhältnisse des Antragstellers berührt; ein wissenschaftliches Interesse an der Kenntnis des Inhalts der Akten genügt sonach nicht[9]). Damit ist, kann man sagen, das berechtigte Interesse aber zu einem rechtlichen geworden[10]).

Ist eine Bekanntmachung noch nicht erfolgt, oder erfolgt diese deshalb nicht, weil die Patentanmeldung zurückgenommen oder zurückgewiesen wird, so hängt die Öffentlichkeit der Akten von dem Nachweis eines rechtlichen Interesses ab; das bedeutet, daß grundsätzlich eine Öffentlichkeit überhaupt nicht stattfindet, weil der Antragsteller ein Interesse an der Geheimhaltung haben kann[11]).

Wird ein Patent für nichtig erklärt, so werden während des Schwebens des Nichtigkeitsverfahrens ebenso wie während einer Zwangslizenz und Zurücknahmeverfahrens die Akten in der Regel Unbeteiligten nur mit Einverständnis der Parteien und ausnahmsweise nur bei Nachweis eines rechtlichen Interesses zugänglich gemacht analog § 299 Abs. II ZPO.[12]). Hat die Klage jedoch zur gänzlichen Zurücknahme oder Vernichtung geführt, so wird Einsicht regelmäßig gewährt[13]), wenn ein rechtliches Interesse vorliegt.

Die Einsichtnahme in die Rolle ist bei Geheimpatenten nach § 19 III PG., wie bereits erwähnt, untersagt. Daraus folgt, daß auch die Einsicht in die Akten nicht stattfindet. Das Gesetz hat dies jedoch, um jeden Zweifel auszuschließen, in § 29 AV. noch einmal ausgesprochen („. . . soweit die Einsicht in dieselben nicht beschränkt ist . . .").

Diese Bestimmung findet für die Zeichenrolle entsprechende Anwendung (§ 8 der Verordnung vom 30. Juni 1894 zur Ausführung des Gesetzes zum Schutze der Warenbezeichnungen vom 12. Mai 1894 und des Gesetzes, betr. den Schutz von Gebrauchsmustern vom 1. Juni 1891),

---

[9]) Seligsohn, Patent S. 283, Lutter S. 192.

[10]) Isay S. 480 spricht auch von „rechtlichem" Interesse.

[11]) Seligsohn a. a. O. S. 284 f.; Damme S. 114.

[12]) Vgl. Damme S. 117.

[13]) Seligsohn a. a. O. S. 286.

so daß diese Grundsätze auch für die Zeichenrolle gelten; doch ist nach der Eintragung die Öffentlichkeit nach keiner Richtung beschränkt[14]). Über das Musterregister gibt es außer dem oben erwähnten § 11 keine Bestimmung. Doch sind m. E. die Akten, von den versiegelt niedergelegten Mustern oder Modellen (§ 9 Abs. IV GeschmMG.) abgesehen, in gleichem Maße öffentlich wie oben.

c) Ferner kommen als Mittel für die Öffentlichkeit noch in Betracht die zur Publikation bestimmten Blätter, und zwar für Patent und Muster das Patentblatt[15]). Im Patentblatt gelangen zur Veröffentlichung die Eintragung in die Rolle, die Bekanntmachung der Anmeldung und die Erteilung. Für die Veröffentlichung der Warenzeichen gibt es das Zeichenblatt, in dem Anmeldung und Eintragung des Zeichens bekannt gemacht werden; für das Geschmacksmuster fehlt ein besonderes Blatt. Der Reichsanzeiger tritt vielmehr an die Stelle. Seit dem 1. Oktober 1894 gibt das Patentamt neben dem Patentblatt ein Blatt für Patent-, Muster- und Zeichenwesen heraus. Dieses bringt Gesetze und Verordnungen, Entscheidungen und Verfügungen des In- und Auslandes, internationale Verträge, statistische Zusammenstellungen usw.

d) Schließlich kann man als Mittel der Öffentlichkeit noch erwähnen die über das Patent, das Muster oder Zeichen erteilten Urkunden und Bescheinigungen. Sie dienen dazu, seitens des Inhabers die Kenntnis von dem Inhalt der Rolle anderen zu vermitteln.

2. Japan.

Der Rechtszustand ist ungefähr derselbe wie in Deutschland. Die Rollen sind öffentlich. Einsicht und Erteilung von Abschriften ist frei.

Über die Akten bestimmt § 30 des PG.: Wer eine auf ein Patent bezügliche Bescheinigung, ein Duplikat einer Patenturkunde oder Abschriften von Schriftstücken zu haben wünscht, oder die Anfertigung von Zeichnungen, Einsicht- oder Abschriftnahme von Schriftstücken begehrt, kann einen hierauf gerichteten Antrag beim Präsidenten des Patentamts stellen; der Präsident verweigert die Genehmigung, wenn er Geheimhaltung für erforderlich hält.

Die dem Präsidenten hiermit eingeräumte Macht stellt ihn im Sinne eines pflichtgemäßen Ermessens ziemlich frei. Zum Bereich dieses Ermessens gehören die Akten über Patente vor ihrer Bekanntmachung und über zurückgenommene oder zurückgewiesene Patente. Nach der Einschreibung jedoch ist die Öffentlichkeit unbeschränkt[16]).

---

[14]) So wenigstens Hagens S. 71.

[15]) Erst durch Gesetz vom 9. Juli 1923 ist das Erfordernis der weiteren Veröffentlichung durch den Reichsanzeiger gestrichen.

[16]) Yoshihara, Patent S. 222.

Die Eintragung wird im Patentblatt veröffentlicht und den Beteiligten Nachricht gegeben, s. oben S. 78.

Dies alles gilt auch für die Musterrolle, das Musterregister und die Zeichenrolle, doch fehlt ein Veröffentlichungsorgan für Geschmacksmuster.

III. Vergegenwärtigt man sich nach alledem die Öffentlichkeit des Grundbuchs und der Rollen in Japan und in Deutschland, so ergibt sich, daß man im Grundbuchrecht dem System eingeschränkter Öffentlichkeit folgt, und zwar gleichermaßen in Japan wie in Deutschland, während die Rollen unbeschränkt öffentlich sind, ebenfalls in beiden Ländern. Die Mittel zur Veröffentlichung sind im Rollenwesen außerdem zahlreicher als im Grundbuchrecht.

Abschnitt II.

Materielle Wirkung.

Die Wirkungen, die die Eintragungen in das Grundbuch und die Rollen in materieller Hinsicht haben, sind in bezug auf die Rechtsänderung, die Rangordnung, die Vermutung und den öffentlichen Glauben des Grundbuchs und der Rollen zu untersuchen. Außer diesen vier Fällen auf die Wirkung der Eintragung in Fällen der Buchersitzung und Buchversitzung einzugehen, erscheint entbehrlich, da diese Rechtsinstitute dem Industrierecht Deutschlands wie Japans und dem japanischen Grundbuchrecht unbekannt sind und auch im deutschen Grundbuchrecht keine nennenswerte Rolle spielen.

Kapitel 1.

Wirkung der Eintragung für die Rechtsänderungen.

Welche Rechtsänderungen in das Grundbuch und die Rollen eingetragen werden, ist im vorhergehenden Teil (S. 47) erläutert. Welche Wirkung aber die Eintragung im Grundbuch bzw. den Rollen in materieller Hinsicht auf die Rechtsänderungen hat, soll nunmehr Gegenstand der Erörterung sein.

I. Grundbuch.

1. Nach deutschem Recht.

Wie schon oben erwähnt[1]), muß man nach deutschem Recht unterscheiden, ob die Rechtsänderung auf einem Rechtsgeschäft beruht oder nicht.

---

[1]) S. 48.

a) Beruht die Änderung auf einem Rechtsgeschäft, so hat die Eintragung im Grundbuch die Wirkung, diese Änderung zu schaffen: ohne Eintragung in das Grundbuch entsteht die Rechtsänderung nicht. Die Eintragung hat nicht nur deklaratorische Bedeutung, sie verleiht auch nicht bloß Rechtswirksamkeit gegenüber Dritten, sondern sie schafft erst die Rechtsänderung, begründet das Recht — hat also konstitutive Wirkung[2]) (Eintragungsprinzip)[3]).

Die Eintragung begründet die Rechtsänderung, jedoch nur dann, wenn zugleich eine Einigung der Beteiligten über den Eintritt der Rechtsänderung (bei der Aufhebung nur einseitige Erklärung) vorliegt. Also beide, Eintragung und Einigung, sind Erfordernisse der Rechtsänderung (sog. materielles Konsensprinzip[4])[5]).

An dieser Stelle soll kurz auf die Einigung und ihr Verhältnis zur Eintragung eingegangen werden. Einige behaupten, die Einigung sei kein Vertrag, sondern erst mit der Eintragung zusammen werde ein Vertrag gebildet, und zwar erstens weil die Einigung allein nicht das Ergebnis habe, das die Parteien gewollt haben; und zweitens das Gesetz ebenfalls den Ausdruck Vertrag für die Einigung nicht gebrauche (Enneccerus I, § 136 II B 2, Biermann S. 3ff., Wolff S. 100, v. Tuhr II S. 221 ff., insbesondere Bruck S. 14ff.).

Andere sagen, daß die Einigung allein Vertrag sei und, ebenso wie die Eintragung ein selbständiges Erfordernis für die Rechtsänderung sei. Im ersten Entwurf wurde die Einigung als Vertrag bezeichnet, während das BGB. diesen Ausdruck vermeidet. Die Änderung beruht auf einem Beschlusse der Kommission für die zweite Lesung des Entwurfs und ist damit begründet, daß es zweifelhaft sei, ob überhaupt ein „dinglicher Vertrag" anerkannt werden dürfe, daß der Ausdruck „Vertrag" in den hier fraglichen Fällen dem Sprachgebrauch und den Anschauungen des Volkes nicht entspreche und eine juristische Konstruktion enthalte, die man der Wissenschaft und Praxis überlassen

---

[2]) Wolff S. 81.

[3]) Güthe S. 3 spricht von materiellem Eintragungsprinzip. Gegensatz: formelles Eintragungsprinzip.

[4]) Wolff S. 72, Biermann S. 58, Strecker S. 18, Planck IV S. 166.

[5]) Der gegenteilige Grundsatz wird Prinzip der formalen Rechtskraft genannt: zur Rechtsänderung ist nur Eintragung erforderlich. Die Gültigkeit der Einigung ist nicht Voraussetzung für Rechtsänderung, und selbst wer durch Fälschung einen Bucheintrag zu seinen Gunsten erwirkt hat, erlangt das dem Bucheintrag entsprechende Recht. „Was im Buch steht, ist richtig, weil es darin steht." Hamburg und Lübeck hatten diesen Grundsatz. Aber die jetzigen Gesetze (in ganz Deutschland) haben in Anlehnung an das preußische Gesetz von 1872 das materielle Konsensprinzip angenommen. (Wolff S. 72, Dernburg III S. 132, Gierke II S. 313.)

könne. M. E. muß man aber in Übereinstimmung mit der herrschenden Lehre „die Einigung des Berechtigten und des anderen Teiles über den Eintritt der Rechtsänderung“ als einen Vertrag auffassen, und zwar weil sie bezweckt, ein Recht an einer Sache zu begründen, zu belasten oder zu übertragen, als einen dinglichen Vertrag. Es liegt kein Grund vor, den Begriff des Vertrages auf das Gebiet des Rechtes der Schuldverhältnisse zu beschränken. Vgl. auch Strecker S. 25, Planck I S. 283ff., III S. 20ff., Staudinger III S. 107, Dernburg, Bürgerliches Recht III S. 125, Gierke II S. 314 Anm. 39.

Welcher dieser beiden Ansichten man sich auch anschließen mag, zur dinglichen Rechtsänderung sind jedenfalls beide Erfordernisse notwendig, andererseits aber auch ausreichend: die Gültigkeit eines obligatorischen Geschäfts ist nicht erforderlich. Bei Nichtigkeit des obligatorischen Geschäfts ist das erworbene Liegenschaftsrecht nur nach den Grundsätzen der ungerechtfertigten Bereicherung kondizierbar. Die Einigung ist wie jeder dingliche Vertrag abstrakt. Man kann ihn aber (abgesehen von der bedingungsfeindlichen Auflassung § 929 II BGB.) seiner abstrakten Natur dadurch entkleiden, daß die Parteien die Gültigkeit des obligatorischen Geschäfts zur Bedingung des dinglichen machen. Dieses wird im allgemeinen anerkannt. Wolff geht aber noch einen Schritt weiter. Er sagt, daß im Zweifel, abgesehen von solchen dinglichen Verträgen, welche eine Bedingung nicht vertragen, eine solche Bedingung schon da vorliege, wo der obligatorische und der dingliche Vertrag „Teile eines Rechtsgeschäfts“ (§ 139) sind. Aber diese Ansicht wird sehr bestritten. Zustimmend: Enneccerus I § 189 Anm. 17. Ablehnend: Planck III S. 129, 4; v. Tuhr I S. 286, Biermann S. 4 und auch das Reichsgericht, vgl. RG. 78, 44.

Ferner ist es gleichgültig, in welcher Reihenfolge die beiden Erfordernisse eintreten: die Einigung kann der Eintragung vorausgehen oder umgekehrt. In der Regel geht die Einigung der Eintragung voraus. Es ist jedoch nicht notwendig, daß die Einigung der Eintragung vorausgehe. Zwar bestimmt § 20 GBO., daß im Falle der Auflassung eines Grundstücks sowie im Falle der Bestellung, Änderung des Inhalts oder Übertragung eines Erbbaurechts die Eintragung nur erfolgen darf, wenn die erforderliche Einigung des Berechtigten und des anderen Teiles erklärt ist. Aber dieser Paragraph ist nur Ordnungsvorschrift[6]).

Kurzum, bei rechtsgeschäftlichen Rechtsänderungen bildet die Eintragung mit der Einigung zusammen (oder einseitige Erklärung) ein Erfordernis der Rechtsänderung[7]): Wenn die Einigung nicht vor-

[6]) Wolff S. 102, Güthe S. 497.

[7]) Nach Güthe (S. 199) jedoch kein Erfordernis für Fortbestehen.

handen ist, kommt die Rechtsänderung nicht zustande, ebensowenig auch, wenn die Eintragung fehlt. Doch gibt es Ausnahmen: Eintragung ist nicht nötig beim Briefpfandrecht (§§ 1154, 1192, 1069, 1274 BGB.). Einigung ist nicht nötig bei Eigentümergrundschuld (§§ 1188, 1195). Vgl. Wolff S. 100, Planck III S. 138.

b) Im Falle, daß die Rechtsänderung auf einer nichtrechtsgeschäftlichen Tatsache beruht, führt die Eintragung im Grundbuch keine Rechtsänderung herbei, sondern zeigt nur die entstandene Rechtsänderung an; Rechtsänderungen kommen außerhalb des Grundbuchs zustande — die Eintragung hat also deklarative Wirkung. (Formelles Eintragungsprinzip)[8]).

Fälle nichtrechtsgeschäftlicher Rechtsänderung sind, wie ich bereits erwähnt habe[9]), z. B. Erbgang, Zuschlag usw. In diesen Fällen kommt die Rechtsänderung außerhalb des Grundbuchs zustande, z. B. unmittelbar durch Erbfolge oder sonstige Gesamtnachfolge, und ferner geht das Eigentum unmittelbar durch Zuschlag im Wege der Zwangsversteigerung über. Auch die Begründung beschränkter dinglicher Rechte an einem Grundstück erfolgt, soweit sie überhaupt ohne rechtsgeschäftliche Bestellung stattfindet, der Regel nach ohne Eintragung (Gierke II S. 318). Weiter Untergang des Liegenschaftsrechts durch Eintritt einer gesetzten auflösenden Bedingung oder eines Endtermins durch Buchversitzung (§ 901) und durch Untergang des Grundstücks usw. Alle solche Änderungen der dinglichen Rechte werden durch Eintragung nur buchmäßig bekundet. Es gibt aber einige Ausnahmen: im Falle der Begründung einer Sicherungshypothek im Wege der Zwangsvollstreckung und liegenschaftsrechtlicher Ersitzung und Versitzung, hat die Eintragung ins Grundbuch konstitutive Wirkung (vgl. Gierke II S. 319).

2. Nach japanischem Recht erfolgt Eintragung im Grundbuch bei rechtsgeschäftlicher wie bei nichtrechtsgeschäftlicher Rechtsänderung. Sie ist aber in beiden Fällen, also besonders auch bei der rechtsgeschäftlichen Änderung kein materielles Erfordernis der Rechtsänderung; die Eintragung im Grundbuch hat also keine konstitutive Wirkung[10]). Sie dient nur der Geltendmachung gegenüber Dritten. Im einzelnen ergibt sich folgendes:

Nach japanischem Recht kommt die dingliche Rechtsänderung, und zwar sowohl die rechtsgeschäftliche als auch die nicht-rechtsgeschäftliche, außerhalb des Grundbuchs zustande. Das Gesetz lautet: Die Begründung und Übertragung des Sachenrechts wird durch die bloße Wil-

---

[8]) Güthe S. 3 Anm. 11.

[9]) Oben S. 47.

[10]) Französisches System.

lenserklärung der Parteien bewirkt (§ 176 BGB.). (Formelles Eintragungsprinzip.)

Daß keine Eintragung nötig ist, hat das Gesetz dadurch zum Ausdruck gebracht, daß es von „bloßer" Willenserklärung spricht. Darüber gibt es keinen Streit. Aber welcher Natur ist die Willenserklärung — obligatorischer oder dinglicher? Darüber gehen die Ansichten sehr auseinander.

Die einen[11]) behaupten, aus historischen Gründen, daß die Willenserklärung obligatorischer Natur sein müsse. Wenn die Forderung, welche der dinglichen Rechtsänderung zugrunde liegt, entstanden ist, dann trete die dingliche Rechtsänderung ohne weiteres ein infolge der Entstehung der Forderung. Das japanische Sachenrecht folgt hierin mehr dem französischen Recht. Im französischen bürgerlichen Recht herrscht der Grundsatz: „Conventio est non solum titulus, sed et modus acquirendi" (Code civil §§ 711, 1138, 1583)[12]).

Dagegen neigen andere[13]) der deutschrechtlichen Auffassung zu, daß die Willenserklärung ebenso wie die deutsche „Einigung" dinglicher, abstrakter Natur sei. Die Begründung geht dahin: Das Recht verleihe einem Rechtsgeschäft eine bestimmte Rechtsfolge nur, wenn der Wille der Parteien auf ihre Herbeiführung gerichtet sei. Es bedürfe also außer dem, die obligatorische Rechtswirkung herbeiführenden kausalen Vertrage, noch einer besonderen dinglichen Einigung, die die dingliche Rechtswirkung herbeiführt. Fehle dieser Wille, so könne die Rechtsfolge nicht eintreten.

Allerdings kann durch unmittelbare Gesetzesvorschrift auch in den Fällen, wo der auf die Rechtsfolge zielende Wille fehlt, die Rechtsfolge zur Entstehung gebracht werden. Im japanischen bürgerlichen Recht aber fehlt, anders als im französischen Recht, eine solche Bestimmung. Die zweite Ansicht führt zur Begründung an, der Ausdruck „bloße" Willenserklärung im § 176 bedeute, daß es weder einer Eintragung noch eines kausalen Rechtsgeschäfts bedürfe. Ein dinglicher Vertrag sei aber gerade erforderlich, und er sei es, der die dingliche Rechtsänderung bewirke.

Das Reichsgericht[14]) folgte schon vor dem Inkrafttreten des BGB. der Ansicht von der obligatorischen Natur der Einigung und hält sie bis heute fest. Der praktische Unterschied der Ansichten zeigt sich in Fällen, wo die Parteien die obligatorische Wirkung klar gewollt haben, man aber im Zweifel darüber ist, ob sie auch die dingliche ge-

---

[11]) Yokota, Sachenrecht S. 41, Suehiro I S. 85ff.

[12]) Vgl. Zachariä I S. 477.

[13]) Nakajima II S. 38f., Natoyama, Sachenrecht I S. 23ff.

[14]) RG. vom 7. Nov. 1895, 25. Okt. 1913, 5. Juli 1919.

wollt haben. Wenn man die Ansicht des Reichsgerichts annimmt, dann tritt die dingliche Rechtsänderung ohne weiteres ein. Wenn man aber die deutschrechtliche Ansicht vertritt, dann kommt die dingliche Rechtsänderung nicht zustande[15]).

Wirkt sonach unter den Parteien die Rechtsänderung schon bereits mit Abgabe der Willenserklärung, so kann sie doch Dritten gegenüber erst entgegengesetzt werden, wenn sie eingetragen ist. Das Gesetz sagt: Der Erwerb oder Verlust sowie die Änderung des Sachenrechts an unbeweglichen Sachen kann Dritten nicht entgegengesetzt werden, wenn die Eintragung im Grundbuch nicht stattgefunden hat (BGB. § 177).

Was bedeutet „kann nicht entgegengesetzt werden"? Und was hat man unter „Dritten" zu verstehen? Diese Fragen sind im japanischen Recht außerordentlich zweifelhaft.

Die allgemeine Meinung[16]) legt die Worte „nicht entgegengesetzt werden" so aus, daß bei fehlender Eintragung von seiten der Parteien nicht geltend gemacht werden kann, daß eine Rechtsänderung stattgefunden hat; jedoch können Dritte die Rechtsänderung anerkennen. Die Rechtsänderung sei ihnen gegenüber jedenfalls nicht absolut unwirksam. Hat z. B. B von A eher die Übertragung des Eigentums als C erhalten, ist C aber früher eingetragen, dann kann B mangels Eintragung Dritten gegenüber (insbesondere C gegenüber) sein Eigentum nicht entgegensetzen. Der Dritte kann jedoch auf den Einwand, daß die Eintragung fehle, verzichten, und damit die Rechtsänderung anerkennen. Z.B. der Erbbauberechtigte kann den neuen Eigentümer schon vor seiner Eintragung als Eigentümer behandeln. Der Geschädigte nach § 717 Abs. 1 Satz 2[17]) kann gegen den neuen Eigentümer Schadenersatzansprüche geltend machen. Das Reichsgericht schließt sich dieser Ansicht an[18]).

---

[15]) Wenn man aber wie Wolff (s. o. S. 88) im Zweifel annimmt, daß der dingliche Vertrag seiner abstrakten Natur entkleidet ist, dann ist der Streit von keiner großen Bedeutung.

[16]) Suehiro I S. 151 ff., Hatoyama, Sachenrecht I S. 42, Tomii, Sachenrecht S. 60.

[17]) Der Paragraph lautet: Wird infolge fehlerhafter Errichtung oder mangelhafter Unterhaltung einer auf einem Grundstück befindlichen Bauanlage einem anderen ein Schaden zugefügt, so ist der Besitzer der Bauanlage dem Verletzten zum Schadenersatz verpflichtet. Hat der Besitzer jedoch die zur Verhütung des Schadens erforderliche Sorgfalt beobachtet, so hat der Eigentümer für den Schaden einzustehen. — Die vorstehende Bestimmung kommt bei fehlerhafter Anpflanzung oder Stützung von Bäumen oder Bambus zu entsprechender Anwendung. Vgl. Suehiro I S. 156.

[18]) Vom 25. April 1906, vom 2. Okt. 1915, vom 11. Nov. 1916.

Andere[19]) legen diese Worte so aus, daß die Rechtsänderung ohne Eintragung gegenüber Dritten unwirksam sei. Nach dem oben angeführten Beispiel wäre dann die Übertragung des Eigentums für B nichtig gegenüber C, und C hätte keine Möglichkeit, Bs Eigentum anzuerkennen. Diese Ansicht beruft sich auf folgendes: es sei nicht logisch, von dem Satz, daß ohne Eintragung die Rechtsänderung Dritten nicht entgegengesetzt werden kann, abzuleiten, daß von seiten Dritter die Rechtsänderung anerkannt werden kann. Wenn man ferner bei obigem Beispiel nicht sagen würde, daß die Übertragung für B gegenüber C nichtig, folglich A insoweit noch Eigentümer ist, dann kann A, der bereits wirksam an B verfügt hat, nicht mehr wirksam das Eigentum auf C übertragen, andernfalls würde der Grundsatz nemo plus iuris transferre potest quam ipse habet verletzt sein. Folglich könne nur Nichtigkeit des Eigentumserwerbs des B gegenüber C angenommen werden.

Diese Ansicht kann aber nicht als zutreffend anerkannt werden. Ihr stehen folgende Erwägungen entgegen:

Dem Wortlaut des Paragraphen nach trifft § 176 lediglich Bestimmung über die Beziehungen von seiten der Partei zu dem Dritten, jedoch nicht über das umgekehrte Verhältnis des Dritten zu der Partei. Logisch ist es nicht widerspruchsvoll, daß der Partei eine Berufung auf die nichteingetragene Rechtsänderung versagt, dem Dritten aber gestattet ist. Das obige Beispiel wird daher theoretisch so konstruiert, daß A durch Übereignung an den nichteingetragenen B noch insoweit weiter als verfügungsmächtig über das Eigentum angesehen wird, als er dem B gegenüber Dritten das Eigentum durch nochmalige Übereignung an C zu entziehen in der Lage ist, sofern C eingetragen wird. Die Rechtsänderung durch bloße Willenserklärung bleibt in ihrer Wirkung daher bis zur Eintragung in bezug auf Dritte unbestimmt. Ferner wird mit Recht angeführt, daß die Ansicht des Reichsgerichts auch mit Rücksicht auf den Wortlaut des geltenden Gesetzes, das zum Unterschied von dem alten Gesetz, das von „unwirksam" sprach, ein Nichtgeltendmachenkönnen gegen Dritte anordnet, geboten erscheint. (Vgl. oben S. 7f.).

Daß man unter „Dritten" die Person versteht, die außerhalb der Parteien der dinglichen Rechtsänderung und deren Gesamtnachfolger[20]) steht, und daß ferner Gutgläubigkeit[21]) der Dritten nicht in Frage

---

[19]) Z. B. Kawana, Sachenrecht S. 14ff.

[20]) Sondernachfolger gehören im allgemeinen nicht zu den Dritten, wohl aber in unserem Falle. Kent, Zeichen S. 150 Nr. 200. Isay, PG. S. 419 und Andrae S. 356 fassen Sondernachfolger nicht als Dritte auf.

[21]) Anders als nach deutschem Gesetz. S. § 892 BGB., Gierke II S. 320, Kohler, Lehrbuch des Patentrechts S. 177. In Japan findet man auch diese

kommt, ist nicht bestritten. Aber fallen alle Dritte in diesem Sinne unter diesen Paragraph? Hierüber bestehen in Japan zwei Lehrmeinungen, die man als beschränkte Theorie und unbeschränkte Theorie bezeichnen kann.

Der unbeschränkten Theorie[22]) nach fallen alle Dritte unter diesen Paragraph, weil dieser keine Einschränkung kennt.

Die beschränkte Theorie[23]) hingegen sagt, „Dritte" im Sinne dieser Gesetzesbestimmung seien nur diejenigen Dritten, die ein berechtigtes Interesse haben, sich auf das Fehlen der Eintragung zu berufen. Im Gesetz findet man zwar dem Wortlaut nach keinerlei Einschränkung, aber das Gesetz will nur rechtliche oder berechtigte Interessenten an Liegenschaftsrechtsverhältnissen vor entstehenden Nachteilen schützen. Deshalb muß man den Paragraph seiner Zweckbestimmung nach einschränken[24]).

Wenn man sich der ersten Theorie anschließt, dann ist auch gegenüber dem Täter einer unerlaubten Handlung (Dritte) die Eintragung nötig; wenn man sich der zweiten anschließt, ist gegenüber dem Täter der unerlaubten Handlung keine Eintragung nötig; man ist dann dem Einwand der Nichteintragung nicht ausgesetzt. Der zweiten Theorie ist danach der Vorzug zu geben.

Das Reichsgericht war früher der ersten Meinung. Aber seit dem Jahre 1908 hat es die zweite Theorie begründet.

Übrigens gibt es nach der GBO. zwei Einschränkungen in bezug auf den Begriff des Dritten; nämlich nach § 4 können Dritte, die durch arglistige Täuschung oder Drohung einen Antrag auf Eintragung vereitelt haben, sich nicht darauf berufen, daß die Eintragung nicht vorhanden sei. § 5: Wer (Dritte) verpflichtet war, für einen anderen den Antrag auf Eintragung zu stellen, kann sich nicht darauf berufen, daß die Eintragung nicht vorhanden gewesen sei, es sei denn, daß der Rechtsgrund für Eintragung erst nach demjenigen für die eigene Eintragung eingetragen ist. Also gegen solche Dritte kann man ohne Eintragung die Rechtsänderung geltend machen.

Meinung, die aber mit dem japanischen Gesetz nicht in Einklang steht. Nakajima S. 74.

[22]) Tomii, Sachenrecht S. 61, Umé, Sachenrecht S. 17ff.

[23]) Nakajima II S. 71, Suehiro I S. 157ff.

[24]) Eine auffallende Parallele zu diesem Problem findet sich im deutschen Recht bei § 15 HGB. Die herrschende Theorie (vgl. J. Gierke, Handelsrecht § 12 III 2a) wie die Praxis (RG. 93, 238) gewährt dem auf das Schweigen des Handelsregisters Vertrauenden den Schutz des § 15 I HGB. auch nur im Gebiete des Geschäfts- und Prozeßverkehrs, nicht in anderen Fällen, in denen der Dritte kein Interesse am Register haben konnte, z. B. im deliktischen Verkehr.

II. Rollen.

A. Patentrolle.

1. Nach japanischem Recht.

§ 34 PG. lautet: Das Patentrecht entsteht mit der Eintragung. Das Patentrecht entsteht erst mit der Einschreibung[25]), nicht erst mit der Erteilung, wie in Deutschland. Eintragung ist Erfordernis der Entstehung. In diesem Falle hat also die Einschreibung in die Rolle konstitutive Wirkung. In dieser Beziehung weicht das J. PG. vom D. PG. ab (vgl. Jizuka S. 25, Yoshihara, Patent S. 83ff.).

Daß die Einschreibung konstitutive Wirkung hat, ist außer Zweifel. Zweifelhaft ist aber, ob sie formale Rechtskraft hat, also die Einschreibung das Recht allein zur Entstehung bringt oder noch ein weiteres materielles Erfordernis zur Eintragung hinzutreten muß. Ich möchte das Prinzip der formalen Rechtskraft für die Patenteinschreibung des japanischen Rechts annehmen und zwar aus folgenden Gründen. Erstens erklärt das Gesetz selbst ausdrücklich und klar das Patent durch die Eintragung für entstanden. Zweitens besteht im Falle, daß ein Nichtigkeitsgrund vorliegt, das Patent bis zur Nichtigkeitserklärung fort. Drittens spricht das Gesetz aus, daß durch die Nichtigkeitserklärung das Patent als von Anfang an nichtig angesehen wird (§ 58 PG.). Yoshihara[26]) schließt aus diesem Satz zwar das Gegenteil, indem er folgert, das Gesetz sehe also offenbar eine materielle Voraussetzung neben der Einschreibung als erforderlich an. Richtig aufgefaßt spricht der Satz aber für das Prinzip der formalen Rechtskraft. Das Gesetz erklärt das Patent bis zur Nichtigkeitserklärung als gültig vorhanden, obwohl es an der besonderen weiteren materiellen Voraussetzung fehlte. Ebenso Pinzger[27]) und Jizuka[28]).

Das eigentlich obligatorischen Charakter tragende Lizenzrecht bekommt durch die Eintragung absoluten, dinglichen Charakter. PG. § 52, 1 sagt: Ein eingetragenes Lizenzrecht an einem Patent hat sowohl dem späteren Erwerber des Patentrechts als auch den Inhabern später begründeter Pfandrechte gegenüber Wirkung. Also die Eintragung hat die Wirkung, das obligatorische Recht zum dinglichen Recht zu machen. Insoweit hat die Eintragung konstitutive Wirkung.

Bei der Übertragung des Patentrechts (hierher gehören auch originärer Erwerb durch Enteignung, vgl. oben S. 50), seinem Erlöschen durch Verzicht oder seiner Beschränkung in der Verfügung, sowie der

---

[25]) Aber die Wirkung der Entstehung geht auf den Zeitpunkt der Bekanntmachung zurück. (§ 43 PG.).

[26]) Patent S. 113, Zeichen S. 163.

[27]) S. 202.

[28]) S. 38.

Begründung, Übertragung, Änderung oder Erlöschung eines Pfandrechts am Patent oder einer Beschränkung in der Verfügung eines solchen Pfandrechts, der Übertragung eines Lizenzrechts, seiner Änderung, seinem Untergang oder der Beschränkung in der Verfügung oder auch die Bestellung, Übertragung, Änderung, Erlöschen eines Pfandrechts oder die Beschränkung in dessen Verfügung, in allen diesen Fällen hat die Eintragung (Umschreibung) die Wirkung, daß nunmehr die Änderung Dritten entgegengesetzt werden kann (§ 45, 52 Abs. 4). In dieser Beziehung hat die Eintragung in die Rolle ganz dieselbe Wirkung wie die in das japanische Grundbuch: Die Bedeutung „Dritten entgegengesetzt", und „Dritte"[29]) ist auch dieselbe wie oben unter I, 2 erörtert.

Die Eintragung bei Untergang, z. B. durch Zeitablauf, durch Nichtzahlung der Gebühren, jedoch nicht durch Verzicht, des Patentrechts, hat keine materielle Wirkung. In solchem Fall kann man ohne Eintragung Dritten gegenüber die Rechtsänderung entgegensetzen[30]). Also hat die Löschung lediglich deklaratorische Wirkung (§ 45 PG.).

2. Nach deutschem Recht.

Die Einschreibung hat keine konstitutive Wirkung, sondern deklaratorische: Einschreibung ist für die Entstehung des Patentrechts bedeutungslos. Das Patentrecht entsteht durch die Erteilung. Darüber findet weder in der Literatur[31]) noch in der Praxis[32]) Streit statt. Aber es wird kein rechtlicher Grund hierfür angegeben. Um den Grund anzugeben, berufe ich mich auf § 4 PG., welcher dem § 4 GebrMG. und § 12 WZG. entspricht[33]).

Wenn man in dem § 4 den ersten mit dem zweiten Absatz, und dann den ganzen Paragraphen mit den oben genannten Paragraphen vergleicht, dann folgt leicht daraus, daß am Anfang des Paragraphen an-

---

[29]) Über „Dritte" hat die Kaiserliche Verordnung betr. die Eintragung von Patenten folgende, ganz ähnliche Bestimmungen wie die GBO.:

Ein Dritter, der durch arglistige Täuschung oder Drohung einen Antrag auf Eintragung vereitelt hat, kann sich nicht darauf berufen, daß eine Eintragung nicht vorhanden sei (§ 9).

Wer verpflichtet war, für einen anderen den Antrag auf Eintragung zu stellen, kann sich nicht darauf berufen, daß die Eintragung nicht vorhanden gewesen sei, es sei denn, daß der Rechtsgrund für die Eintragung erst nach dem für die eigene Eintragung eingetreten ist (§ 10).

[30]) Weil in solchem Falle die Tatsache öffentlich genügend klar gemacht werden kann, daß das Recht untergegangen ist (Yoshihara, Patent S. 109f).

[31]) Allfeld S. 187, Damme S. 99, Seligsohn, Patent S. 275, Hagens S. 68.

[32]) Bl. 1902, 179, RG. 14. Dez. 1901.

[33]) Seligsohn, Zeichen S. 172, Bussche S. 178.

statt „das Patent hat die Wirkung“, „die Erteilung des Patents hat die Wirkung“ stehen müßte.

Welchen Charakter die Erteilung hat, durch die das Patentrecht entsteht, ist bestritten. Schanze[34]), Damme[35]), Seligsohn[36]) fassen die Patenterteilung als Rechtsentscheidung auf, weil das Patentamt auf Grund einer rechtlichen Gebundenheit, und nicht frei aus Zweckmäßigkeitsgründen entscheide. Isay[37]) sagt dagegen, daß diese Meinung von der unrichtigen Voraussetzung ausgehe, daß die rechtliche Gebundenheit das unterscheidende Merkmal der Rechtsentscheidung gegenüber dem Verwaltungsakt sei. Diese Voraussetzung stimmt für den Polizeistaat; für den modernen Rechtsstaat ist sie unzutreffend. Auch die Verwaltungsakte vollziehen sich heute zu einem großen, vielleicht zum größten Teil in rechtlicher Gebundenheit. Er schließt damit, daß die Patenterteilung Verwaltungsakt sei. Dieser Ansicht sind auch Kent[38]), Laband[39]) und Georg Mayer[40]).

Hat die Einschreibung auch keine konstitutive Wirkung, so hat sie doch die Wirkung, die Legitimation zu gewähren, § 19. Isay S. 418, André S. 356. Übrigens hat die Einschreibung in die Patentrolle, abweichend von der Zeichenrolle, nicht die Kraft, das sogenannte Weiterbenutzungsrecht zu vernichten[41]).

Über die Bedeutung der Umschreibung gibt es viele verschiedene Meinungen. Man könnte 3 Gruppen unterscheiden: 1. Die Meinung, die ebenso wie im deutschen Grundbuchrecht, die konstitutive Wirkung annimmt. 2. Diejenige, die in bezug auf Dritte konstitutive Wirkung annimmt, und 3. diejenige, die bloße deklarative Wirkung annimmt.

Zu 1. Isay legt die Worte „nach Maßgabe dieses Gesetzes berechtigt und verpflichtet“ (§ 19) so aus, daß eine Änderung in der Person des Patentinhabers solange die Rechte und Pflichten „nach Maßgabe“ des PG. nicht beeinflußt, als sie nicht eingetragen ist: eine Übertragung des Rechts bedarf der Eintragung, um die Rechte und Pflichten „nach Maßgabe“ des PG. zu übertragen. Und weiter sagt er: Da die Patente durch das PG. geschaffen sind, so sind unter Rechte und Pflichten „nach Maßgabe“ des PG. die Rechte und Pflichten aus dem Patent zu verstehen, und er schließt damit, daß eine Übertragung des

34) Die Patenterteilung, Arch. f. öff. R. S. 173.
35) GR. 3, 264.
36) Patent S. 24.
37) Isay S. 181.
38) Patent II 5.
39) Staatsrecht 2, 220.
40) Verwaltungsrecht 1 (2. A.) S. 446.
41) Vgl. unten S. 103ff. und Wassermann in M. u. W. V S. 85ff.

Patentrechts zu ihrer rechtlichen Wirkung der Eintragung in die Rolle bedarf. Auch Kohler (Lehrbuch S. 178) behauptet, daß erst die Eintragung die bürgerliche Berechtigung des Erwerbs schafft — konstitutive Wirkung[42]).

Zu 2. Gierke führt in Bd. I S. 888 aus: „. . . . . tritt zwar mit dem Vertragsschluß der Übertragung des Rechts im Verhältnisse der Vertragsschließenden zueinander, allein erst mit der Eintragung der Subjektveränderung in die Rolle die Wirksamkeit des Rechtsüberganges Dritten gegenüber ein“. Also seiner Auffassung nach, hat die Umschreibung in bezug auf Dritte konstitutive Wirkung[43]). Osterrieth (S. 109) ist auch derselben Ansicht.

Zu 3. Die Anhänger dieser Lehre sagen folgendes: Der Sinn der Worte „nach Maßgabe des Gesetzes berechtigt und verpflichtet“ ist ein anderer als der von der ersten Theorie angegebene. Nach dem Motiv[44]) ist es klar, daß die Eintragung die materiellrechtliche Änderung nicht beeinflußt. Nämlich für die Übertragung des Patentrechts, sowohl unter den Beteiligten als auch Dritten gegenüber, ist allein das Übertragungsgeschäft (oder sonstige Tatsachen) erforderlich und ausreichend. Insoweit hat die Eintragung keine Bedeutung für den Erwerb des Patentrechts. Die Eintragung dient nur dazu, die Legitimation zur Geltendmachung des Patentrechts zu schaffen. Also hat die Eintragung deklarative Wirkung. Diese Meinung ist die allgemein herrschende[45]), auch in der Praxis[46]). Nach dieser Ansicht ist die Eintragung maßgebend für die Befugnis, ein Zusatzpatent nachzusuchen (§ 7), Stundung oder Erlaß der Gebühren zu beantragen (§ 8), für die Möglich-

---

[42]) Vollständige konstitutive Wirkung, nicht nur Dritten gegenüber. Die Ansicht Seligsohns, daß Kohler und Isay die Eintragung nur Dritten gegenüber für wirksam halten (also den Parteien gegenüber nicht notwendig), ist m. E. unrichtig ausgelegt. (Seligsohn S. 279.)

[43]) Es ist daher unzutreffend, wenn Isay die Meinung Gierkes für identisch mit seiner eigenen Meinung hält.

[44]) Die Regierungsmotive des Gesetzes sagen, daß der Inhalt der Rolle dazu bestimmt ist, über die rechtlichen Verhältnisse eines jeden Patents Auskunft zu gewähren. Die Motive fügen hinzu, „Eintragungen, welche eine Änderung in der Person des Patentinhabers oder eines Vertreters bekunden, sind jedoch nach der Absicht des Entwurfs für die Gültigkeit oder Ungültigkeit des der Änderung zugrundeliegenden rechtlichen Aktes nicht entscheidend. (Pat. Bl. 1879, Nr. 28 S. 356.)

[45]) Seligsohn, Patent S. 280, Allfeld S. 189, André im Patentblatt 1879 S. 356, Riezler S. 92, Damme S. 99, Schanze, Die Register- und Rolleneinschreibungen S. 33 ff., Wassermann, Patentrecht S. 101, Kisch S. 212, Kohler, Handbuch S. 529 ff., Kent, Patent II S. 43.

[46]) RG. vom 11. Dez. 1901 Bl. 1903, 101. RG. vom 30. Nov. 1907, RGZ. 67 S. 176.

keit, durch eine Verzichterklärung die Löschung des Patents herbeizuführen (§ 9), für die Verpflichtung, einen Vertreter zu bestellen (§ 12), für die Passivlegitimation in dem Nichtigkeits- und Zurücknahmeverfahren (§ 28), ferner, für die Legitimation in Feststellungsprozessen (§ 4), für die Befugnis, Unterlassungsklage (§ 4) und Entschädigungsklage (§ 35) zu erheben, Strafantrag zu stellen (§ 36), für die Aktiv- und Passivlegitimation in Abhängigkeitsprozessen (Seligsohn, Patentgesetz S. 281). Aber sie ist nicht maßgebend für die Geltendmachung der materiellrechtlichen Rechtsänderung.

Wenn man nun die obengenannten Theorien mit den japanischen Theorien[47]) vergleicht, dann ist die unter 3 aufgeführte deutsche allgemeine Meinung der japanischen allgemeinen Meinung ähnlich. Aber nach diesem japanischen Recht hat die Eintragung die Wirkung, in bezug auf Dritte die Rechtsänderung vollständig zu machen. Dagegen kommt nach der deutschen allgemeinen Meinung die Eintragung für die Geltendmachung der materiellrechtlichen Änderung nicht in Frage (s. oben S. 96f.). Die unter 2 genannte Theorie entspricht der japanischen Nichtigkeitstheorie (s. oben S. 92 Anm. 19). Eine der unter 1 aufgeführten Theorie entsprechende, gibt es in Japan nicht.

Wie ich oben schon erwähnt habe, wirkt die Übertragung durch das Übertragungsgeschäft allein (oder mit Hilfe der Eintragung — nach abweichender Meinung). Welche Natur hat dann aber das Übertragungsgeschäft? Daß es abstrakter Natur ist, ist in der Literatur einstimmig anerkannt; man unterscheidet das Geschäft, welches die Übertragung des Rechts bewirken soll und das zugrundeliegende Rechtsgeschäft, und sagt, daß das erste, ebenso wie die „Einigung", ein abstraktes dingliches Geschäft[48]) sei. Es ist nun die Frage, ob das Übertragungsgeschäft auf dem Grundsatz von der Forderungsübertragung beruht oder auf dem Grundsatz vom Sachenrecht. Kohler[49]), anscheinend auch Isay[50]), vertreten die Meinung, daß der Grundsatz vom Sachenrecht Anwendung findet. Dagegen sind Seligsohn[51]), Kisch[52]), Enneccerus[53]) und Kant[54]) der gegenteiligen Ansicht.

[47]) Oben S. 90ff.

[48]) Es handelt sich um eine theoretische Abgrenzung der Begriffe. Praktisch schließt das zugrundeliegende Geschäft das Übertragungsgeschäft in der Regel in sich. (Seligsohn, Patent S. 168, Kent, Patent I S. 584).

[49]) Lehrbuch S. 178.

[50]) S. 245.

[51]) Patent S. 167ff.

[52]) S. 211.

[53]) 2 S. 245.

[54]) Patent I S. 583f. — Kisch S. 212 Anm. 23 sagt, mit dem Hinweis auf Kent S. 597, daß Kent zu der anderen Gruppe gehöre. Aber bei Kent S. 583/4

Otto v. Gierke I S. 888 sagt, daß die Übertragungsgeschäfte ein sachenrechtliches Gepräge tragen. Aber er sagt III S. 205, daß die Übertragung des Persönlichkeitsrechts (Patentrecht) hauptsächlich durch die Hinweisung auf das Schuldrecht geregelt wird.

Löschung, sei es durch Verzicht, sei es durch Zeitablauf oder aus sonstigem Grund, hat bloße beurkundende Wirkung. Vgl. Seligsohn, Patent S. 275 Nr. 5, Damme S. 99, Isay S. 358, Hagen, Warenzeichen S. 68, Schanze, Rollen- und Registereinschreibungen S. 66, Osterrieth S. 114, Allfeld S. 187, 2.

Wie oben gesagt, hat nach J. PG. die Löschung, welche durch Verzicht erfolgt, die Wirkung, gegenüber Dritten vollständig entgegengesetzt werden zu können. Das deutsche Gesetz macht solche Unterschiede nicht.

B. Musterrolle.

1. Nach japanischem Recht.

Was ich bei der Patentrolle erörtert habe, kann man hier entsprechend anwenden: die Einschreibung hat konstitutive Wirkung. Umschreibung und Löschung, die durch Verzicht stattfindet, haben die Wirkung, daß die Entgegensetzung der Änderung gegen Dritte ermöglicht wird. Löschung, die auf anderem Grund beruht, hat reine deklarative Wirkung. (§§ 6, 13, 4 und 26 J. GeschmMG. in Verbindung mit § 45 J. PG.).

2. Nach deutschem Recht.

Die Einschreibung ist Rechtsbegründungsakt, führt die Entstehung des Rechts herbei: § 4 D. GebrMG. sagt: Die Eintragung eines Gebrauchsmusters im Sinne des § 1 hat die Wirkung, daß dem Eingetragenen ausschließlich das Recht zusteht, gewerbsmäßig das Muster nachzubilden, die durch Nachbildung hervorgebrachten Gerätschaften und Gegenstände in Verkehr zu bringen, feilzuhalten oder zu gebrauchen. Also hat erst die Eintragung die Wirkung, dem Inhaber das ausschließliche Recht zu geben. Ohne Eintragung tritt, auch wenn alle Erfordernisse des § 1 des Gesetzes zutreffen, der Schutz nicht ein. Insofern hat die Einschreibung konstitutive Wirkung[55]). In dieser Beziehung weicht das Gesetz vom D. PG. ab und nähert sich dem D. WZG., jedoch hat bei dem letzteren die Einschreibung formale Rechtskraft[56]), während die Wirkung derselben beim GebrMG. von materiellen Vor-

---

steht deutlich: Dieser dingliche Vertrag stellt sich mithin als die Übertragung der aus der Patentanmeldung und Patenterteilung begründeten Rechte im Sinne des § 413 BGB. dar und soll im folgenden als Übertragungsakt bezeichnet werden.

[55]) Vgl. Seligsohn, Patent S. 473, 476, Isay S. 584, Pinzger S. 199, Elster S. 263, Schanze, Register- und Rolleneinschreibung S. 5.

[56]) S. unten S. 102f.

aussetzungen abhängt. Ebermayer S. 152, v. Gierke I S. 845 haben auf Grund der Abhängigkeit von dieser Voraussetzung, das Wort „konstitutiv“ vermieden. Aber die konstitutive Wirkung der Eintragung ins Grundbuch hängt auch von materiellen Voraussetzungen ab, trotzdem gebraucht man dort diesen Ausdruck[57]).

Umschreibung. Wie oben (S. 52) erörtert ist, bestimmt das Gesetz zwar, daß eine Änderung in der Person durch Eintragung in der Rolle vermerkt wird (§ 3, 4), aber es fehlt eine dem § 19, Satz 2 D.PG. und § 7, 2 D.WZG. entsprechende Bestimmung über die Wirkung dieser Eintragung. In der Wissenschaft[58]) und Praxis[59]) ist man sich im allgemeinen darüber einig, daß § 19, 2 hier entsprechende Anwendung findet[60]).

Über den Inhalt der Wirkung gehen jedoch die Meinungen, wie bei der Umschreibung in der Patentrolle, auseinander. Isay[61]) und Kohler[62]) sprechen ausdrücklich davon, daß die Umschreibung rechtsbegründende Wirkung hat. Die Umschreibung ist nicht etwa nur Legitimation, sondern auch für den Übergang des materiellen Rechts erforderlich — konstitutive Wirkung. Dagegen behauptet die herrschende Meinung, die Umschreibung habe nur die Bedeutung, die Legitimation zu begründen, während sie für die Rechtsübertragung bedeutungslos ist[63]).

Löschung. Die Wirkung der Löschung ist zu unterscheiden in folgenden Fällen: nach § 6 wirkt die Löschung konstitutiv. „Hier will die Löschung eine notwendige Existenzbedingung des Gebrauchsmusterrechts, nämlich die Eintragung beseitigen und dadurch sein Erlöschen bewirken[64]).“ Die Löschung im Fall des § 8 Abs. 2 und 3 wirkt nur deklarativ. Hier erlischt das Musterrecht durch Verzicht und Zeitablauf ohne weiteres[65]).

---

[57]) Schanze, Register- und Rolleneinschreibung S. 6.

[58]) Seligsohn, Patent S. 473, Allfeld S. 399, Ebermayer S. 64, Schanze, Register- und Rolleneinschreibung S. 50.

[59]) RGZ. S. 67, 176.

[60]) Osterrieth S. 196 sagt dagegen, daß bei der Patentrolle die Eintragung der Umschreibung diese Dritten gegenüber erst vollständig macht, daß sie jedoch hierbei solche Wirkung nicht habe.

[61]) S. 585.

[62]) Musterrecht S. 92.

[63]) Schanze a. a. O. S. 47 ff., Ebermayer a. a. O. S. 64, 4, Seligsohn a. a. O. S. 473, 6 in Verbindung mit S. 279 ff., Allfeld a. a. O. S. 399, 6 in Verbindung mit S. 189.

[64]) Isay a. a. O. S. 606.

[65]) Vgl. Isay a. a. O. S. 606, Seligsohn a. a. O. S. 473, 489, Schanze a. a. O. S. 66 ff.

C. Musterregister.

1. Nach japanischem Recht.

Hier werden auch, wie bei der Musterrolle, die Bestimmungen des PG. entsprechend angewendet[66]). §§ 8, 15 und 25 des J. GeschmMG. (in Verbindung mit § 45 PG.).

2. Nach deutschem Recht.

Das Geschmackmusterrecht entsteht mit der Anmeldung zur Eintragung in das Musterregister und Niederlegung des Exemplares oder einer Abbildung des Musters (§ 7 D. GeschmMG.). Das Gesetz gewährt also, wie Dambach[67]) deutlich zeigt, „dem Urheber eines Musters oder Modells den Schutz gegen Nachbildung, sobald er dasselbe zur Eintragung in das Musterregister gleichzeitig angemeldet und deponiert hat. Dagegen ist es zur Erlangung des Schutzes nicht erforderlich, daß die Eintragung selbst stattgefunden hat". Die Einschreibung des Musters hat deklarative Wirkung. Zustimmend: Riezler[68]), Allfeld[69]), Neuberg[70]), Osterrieth[71]) und Gierke[72]). Dagegen sagt Kohler, die Einschreibung habe rechtsgestaltende Bedeutung, sie sei nicht etwa bloß Voraussetzung für die Klagbarkeit (Musterrecht S. 92, 107).

Ob die Übertragung des Geschmacksmusterrechtes eintragungsfähig ist, wird, wie ich oben (S. 53) erwähnt habe, bestritten. Auch wenn man die Theorie vertritt, daß die Übertragung Eintragungsfähigkeit hat, dann hat die Eintragung doch nur deklarative Wirkung — Rechtsübertragung wirkt unabhängig von der Eintragung[73]). Dagegen sagt Kohler[74]): „Erst durch die Eintragung wird der Erwerb des Rechts vollendet"[75]).

Ferner wird bestritten, ob Löschung stattfindet (oben S. 53). Wenn man diese annimmt, hat sie auch nur deklarative Wirkung[76]). Sogar Kohler[77]), der sonst immer konstitutive Wirkung annimmt, ist hier dieser Ansicht.

---

[66]) Das GeschmMG. kennt keine Bekanntmachung (s. S. 79), deshalb entsteht das Musterrecht erst mit dem Zeitpunkt der Eintragung. § 12 J. Geschm.-MG.

[67]) Musterrechtsgesetz S. 49.

[68]) S. 480.

[69]) S. 335.

[70]) S. 30.

[71]) S. 237.

[72]) a. a. O. S. 836 Anm. 28.

[73]) Allfeld a. a. O. S. 319, Schanze a. a. O. S. 34, Stephan S. 334

[74]) a. a. O. S. 137.

[75]) Schweizer Gesetz.

[76]) Riezler S. 487.

[77]) a. a. O. S. 113.

D. Zeichenrolle.

1. Nach japanischem Recht.

Die Einschreibung in die Zeichenrolle hat dieselbe Wirkung wie diejenige in die Patentrolle, nämlich konstitutive Wirkung (§ 7 Abs. 1 J. WZG.). Umschreibung und Löschung, die durch Verzicht stattfindet, haben die Wirkung, die Rechtsänderung Dritten gegenüber vollständig zu machen. Die Löschung, die auf einem anderen Grund beruht, hat reine deklarative Wirkung (§ 24 J. WZG. in Verbindung mit J. PG.) [78].

Es findet, wie in Deutschland [79], Streit darüber statt, ob die Einschreibung formale Rechtskraft hat. Manche [80] nehmen unter Berufung auf die Bestimmung, wonach die Nichtigkeitserklärung die Wirkung hat, daß das Zeichenrecht als von Anfang an nichtig gewesen angesehen wird (§ 24 J. WZG. in Verbindung mit § 58 J. PG.) keine formale Rechtskraft an. Ich halte aus dem oben S. 94/95 angegebenen Grunde die formale Rechtskraft für richtig. Vgl. Pinzger S. 202, Jizuka S. 88.

Übrigens geht nach dem deutschen Gesetz das sog. Vorbenutzungsrecht (besser Weiterbenutzungsrecht) infolge der Einschreibung unter [81]. Aber nach japanischem Recht bleibt das Weiterbenutzungsrecht fortbestehen: § 9 Satz 1 J. WZG. sagt wörtlich: Wer schon vor der Anmeldung eines eingetragenen Warenzeichens eines anderen im guten Glauben ein gleiches oder ähnliches Handelsabzeichen für gleiche oder ähnliche Waren benutzt, das von Händlern oder Verbrauchern im weiten Umfange anerkannt ist, kann ungeachtet der Eintragung des Warenzeichens des anderen seinen Gebrauch fortsetzen [82] [83]. Näheres Jizuka S. 84.

2. Nach deutschem Recht.

Die Einschreibung hat konstitutive Wirkung. Das Warenzeichen entsteht mit der Einschreibung, ohne Einschreibung gibt es kein Zeichenrecht, denn § 12 bestimmt, daß erst mit der Eintragung die Wirkung entsteht, dem eingetragenen Inhaber das ausschließliche Recht zu gewähren. Eintragungsprinzip wie beim Gebrauchsmuster. Darüber herrscht kein Streit. Zweifelhaft ist nur, ob die Einschreibung sog. formale Rechtskraft hat, mit anderen Worten, ob die Einschreibung für sich allein die Rechtsentstehung bewirkt, oder ob die Wirkung nur

---

78) Vgl. Yoshihara, Zeichen S. 161.

79) Vgl. unten S. 103.

80) Yoshihara, Zeichen S. 163.

81) Osterrieth S. 284, 322. Vgl. auch unten S. 103ff.

82) In diesem Punkt folgt das J. WZG. wieder dem Grundsatz des PG.

83) Über Vorbenutzungsrecht in anderen Ländern s. Wassermann, Die Wirkung der Vorbenutzung im Patent- und Markenrecht in M. u. W. V S. 87f.

eintritt, wenn alle Voraussetzungen der Einschreibung gegeben sind, insbesondere keine besonderen Versagungsgründe (§§ 1, 4) vorliegen.

Seligsohn[84]), unter Berufung auf § 12, 2, Kohler[85]) und Crome[86]) unter Hinweis auf die Grundsätze des Industrierechts im allgemeinen, und die Patentnichtigkeitsklage im besonderen, halten die Ansicht, daß die Wirkung nur eintritt, wenn alle Voraussetzungen der Einschreibung gegeben sind, für richtig[87]). Auch Schmid[88]) und Gierke[89]) kann man hierzu rechnen. Andere Autoren sehen unter Berufung auf § 12 Abs. 1 und die Motive, das Ereignis der formalen Rechtskraft für richtig an; typisch für sie ist folgende Äußerung Schanzes (S. 19): „Die Anhänger des Prinzips der formalen Rechtskraft haben recht. ‚Die Loslösung der Rechtsverhältnisse von ihrer materiellen Grundlage und die Erhebung der äußeren Erscheinung zur vollständigen Rechtserzeugerin, weicht allerdings vom ordentlichen Gange des Rechtes ab und bedarf daher einer positiven Feststellung.‘ So sagt Regelsberger zutreffend. Allein an solcher positiven Feststellung fehlt es, im Gegensatz zum GebrMR., für das Zeichenrecht nicht. Denn während es im GebrMG. heißt: Die Eintragung eines Gebrauchsmusters im Sinne des § 1 hat die Wirkung usw., bestimmt das Gesetz zum Schutze der Warenbezeichnungen schlechthin: die Eintragung eines Warenzeichens hat die Wirkung usw. Und in den Motiven zu diesem Gesetz wird ja, wie wir gesehen haben, ausdrücklich hervorgehoben, daß jede Eintragung, auch wenn sie hätte versagt werden müssen, Wirksamkeit äußern soll.“ (Schanze S. 19). Diese Meinung ist allgemein herrschend[90]). Die Ansicht des RG. gehört auch hierher. RGZ. 97, 93: in M. u. W. XXIII S. 237. Dieser Ansicht nach gibt es keine Nichtigkeit und infolge dessen hat die Löschung grundsätzlich keine rückwirkende Kraft. Näheres unten S. 108.

Wird durch die Einschreibung das sogenannte Weiterbenutzungsrecht entrechtet? Ist das eingetragene Zeichen der Ausstattung überlegen? Das WZG. hat über die Wirkung der Einschreibung nur den einen § 12, der folgendes bestimmt: Die Eintragung eines Warenzeichens hat die Wirkung, daß dem Eingetragenen ausschließlich das Recht zusteht. Eine Bestimmung, welche dem § 5 des PG., welcher die Ausnahme zu der in § 4 des PG. ausgesprochenen Regel

[84]) Zeichen S. 169 ff.
[85]) Zeichen S. 133.
[86]) IV S. 127.
[87]) Kritik hierüber s. Pinzger S. 202.
[88]) Die Gesetze zum Schutze des gewerblichen Eigentums S. 89.
[89]) I S. 773.
[90]) Vgl. auch Finger S. 230, Allfeld S. 558, Hagens S. 68, 182, 207, Pinzger S. 202, 205, Kent, Zeichen S. 240, Nr. 355 und 356.

bildet, entspricht, gibt es im WZG. nicht[91]). Auch der Kommissionsbericht[92]) hat dem § 12 sehr starke Wirkung zugesprochen. Danach hat das WZG. das sog. Weiterbenutzungsrecht nicht anerkannt[93]). Andererseits hat es aber den Ausstattungsschutz (§ 15) anerkannt. Später sind dann das BGB., welches den Grundsatz des Verstoßes gegen die guten Sitten (§ 826) enthält, und das Gesetz gegen den unlauteren Wettbewerb, welches die sog. Generalklausel (§ 1[94]) enthält, in Kraft getreten. Die Wirkung dieser drei Paragraphen ist nach und nach stärker geworden. Gegenwärtig sind sie dem obengenannten § 12 beinahe überlegen. Der Gang der Entwicklung von der Seite der Rechtsprechung betrachtet, war folgender:

a) Zu der Zeit, als das WZG. in Kraft getreten war, hat die Rechtsprechung, ebenso wie der Kommissionsbericht, dem § 12 starke Wirkung zugesprochen: sie hat das Eintragungsprinzip mit voller Schärfe ausgeführt, auch für den Fall, daß die Anmeldung in unlauterer Absicht erfolgt sei[95]). Es wurde also niemals ein Weiterbenutzungsrecht anerkannt.

b) Später hat die Rechtsprechung den Inhaber eines im Verkehr bekanntgewordenen Zeichens gegen den Zeichenräuber geschützt und einer mala fide erfolgten Eintragung die Anerkennung versagt[96]). Insoweit hat sie das Weiterbenutzungsrecht anerkannt.

c) Gegenwärtig hat sie den Grundsatz ausgesprochen, „daß ein durch die Entwicklung geschaffener tatsächlicher Zustand Anspruch auf Schutz auch vor dem formalen Zeichenrecht habe und das Löschungsverfahren begründen könne, wenn das Zeichen entweder erst später auf unlautere Weise, nämlich in Kenntnis der Verkehrsgeltung der von dem anderen benutzten Bezeichnung erworben sei oder wenn nach Eintritt dieser Kenntnis das gutgläubig erworbene Zeichen einfach

---

[91]) Vgl. Landgraf, Zeichen S. 63.

[92]) „Wer ein ihm wertvolles Zeichen nicht eintragen läßt, hat die Folgen der Unterlassung sich selbst zuzuschreiben, und man könne es dann nicht mehr eine Unbilligkeit nennen, wenn ihm für den Fall der Eintragung des Zeichens für einen anderen der weitere Gebrauch des Zeichens untersagt werde" (Seligsohn, Zeichen S. 169).

[93]) Schutz besteht jedoch a) durch § 9 Abs. 2 WZG. für den Vorbesitzer der Übergangszeit bis 1. Oktober 1895; b) durch Art. 28 des Handelsvertrages zwischen dem deutschen Zollverein und Frankreich vom 2. August 1862, der auf Grund des Art. 289 FV. wieder in Kraft gesetzt ist.

[94]) Über die Entstehungsgeschichte und Verhältnis zu § 826 vgl. Wassermann, Wettbewerb I S. 25ff.

[95]) RG. vom 23. Jan. 1898 in JW. 98 S. 172 vom 2. März 1900 in Bl. 00 S. 216. Vgl. auch Wassermann im GR. 29 S. 6.

[96]) RG. RGZ. 106, S. 250, RG. in M. u. W. 22, 59 und 23, 199.

weiter benutzt wurde“[97]). Und weiter hat sie zwischen dem eingetragenen Zeichen und dem anerkannten Ausstattungsbesitz praktisch unter Anwendung des § 1 ZWG. dahin entschieden, daß es sich um gleichartige Rechte handelt und der Vorrang lediglich nach der Priorität bestimmt wird[98]). Danach ist also ein außerordentlicher Wandel in der Rechtsprechung eingetreten.

Die Literatur ist dem nicht durchweg gefolgt.

Die ältere Literatur hat die oben unter a) erörterte Rechtsprechung, welche dem § 12 starke Wirkung zuerteilt, anerkannt[99]). In der neueren Literatur gibt es einige[100]), welche eine Ansicht vertreten, die etwa dem neuen Standpunkt des RG. entspricht. Aber die meisten[101]) stimmen auch heute noch der unter b) erörterten Rechtsprechung zu, und viele machen sogar direkt Front gegen die unter c) erläuterte Rechtsprechung, weil sie die Wichtigkeit der Zeichenrolle zu sehr herabsetzt und die Rechtssicherheit gefährdet. Es wird darüber gesagt: „Um kein Mißverständnis aufkommen zu lassen; wir können das Rechtsgefühl als Quelle der richterlichen Entscheidung nicht entbehren, auf keinem Gebiete, am wenigsten auf dem Gebiete des Wettbewerbsrechtes. Ihm danken wir die Befreiung des Warenzeichenrechts von einem unerträglichen Formalismus. Aber ebenso wichtig wie das Rechtsgefühl sind die Normen als Kontrolle der Entscheidung und als Mittel ihrer Berechenbarkeit, also im Dienste der Rechtssicherheit“[102]). Und mit Recht führt ferner Hagens M. u. W. 27./28 S. 563, 4 aus[103]):

„Zweifellos wird mit dem neuen Grundsatze, m. E. ohne genügenden Grund, ein bisher tragender Pfeiler des deutschen WZR. umgeworfen, denn nach der Rechtsentwicklung, die ein Recht des Ausstattungsbesitzes überhaupt nur zögernd in dem einzigen § 15 und in offenbarer Minderbewertung gegenüber dem ausführlich geregelten WZR. anerkannt hat, muß man von der ursprünglichen prinzipiellen Überlegenheit des Warenzeichens ausgehen. Diese ist aber auch legislativ wohl begründet und hat sich bewährt, besonders nachdem die Unzulässigkeit des sittenwidrigen Zeichenraubes erkannt ist. Die mit Umständen und Kosten

---

97) RG. vom 15. Febr. 1927 in M. u. W. XXVI 287. Vgl. auch Hagens in M. u. W. 27./28. S. 561.

98) RG. vom 30. April 1928, M. u. W. 27./28. S. 451. Vgl. auch Hagens a. a. O.

99) Landgraf ZR. S. 58, 64, Kent ZR. S. 240 Nr. 355.

100) Kohler, Zeichen S. 175, Rosenthal S. 176 Note 79.

101) Pinzger S. 17, 19, 178, 305 f., Seligsohn, Zeichen S. 169, Hagens S. 207 Anm. 36, S. 255 Anm. 19, Wassermann, M. u. W. 5 S. 85.

102) Isay in GR. 28 S. 81.

103) Vgl. auch Wassermann, „Zeichen, die sich im Verkehr durchgesetzt haben“ im GR. 1929 Nr. 1. Richter, „Rettet die Warenzeichenrolle“ in M. u. W. 1929 Nr. 1.

verbundene Eintragung auf Grund patentamtlicher Prüfung ist im Interesse der Rechtssicherheit eingeführt, um weitläufige und oft schwierig zu entscheidende Streitigkeiten über die Priorität des Besitzstandes und die Anerkennung im Verkehr, von denen unter anderen die sich über Jahrzehnte erstreckenden Prozesse über die Gütermannsche Sternseide ein Beispiel geben, tunlichst auszuschließen. Es ist an sich erwünscht, daß derjenige, der nach Untersuchung durch das Patentamt im guten Glauben, ohne Kenntnis von einem vorhandenen Ausstattungsbesitz, ein Zeichen erwirkt hat, als Zeicheninhaber geschützt wird, und zwar auch dem qualifizierten Vorbenutzer gegenüber, der für das Zeichen Anerkennung im Verkehr gefunden hat. Denn wenn diese eine allgemeine und wohlbegründete war, so wird dem Anmelder die Kenntnis und damit die mala fides unschwer nachzuweisen sein; handelt es sich aber um einen zweifelhaften oder örtlich beschränkten Ausstattungsbesitz, so ist es vom Standpunkt des Wettbewerbs aus nicht unbillig, dem klaren Rechte gutgläubiger Anmelder den Vorzug zu geben."

Bisher war von der Einschreibung die Rede. Über die Wirkung der Umschreibung hat das D. WZR. folgende Bestimmung: „Solange der Übergang in der Zeichenrolle nicht vermerkt ist, kann der Rechtsnachfolger sein Recht aus der Eintragung des Warenzeichens nicht geltend machen" (§ 7 Abs. 2).

Es fragt sich nun zuerst, ob diese Bestimmung mit derjenigen des § 19 Abs. 2 Satz 2 des D. PG., welcher die Umschreibung der Patentrolle betrifft, gleichbedeutend ist, obgleich die Fassung eine etwas andere ist. Seligsohn[104]), Allfeld[105]), Kent[106]), Schanze[107]), Landgraf[108]), Ebermayer[109]), Osterrieth[110]), RG.[111]) halten die Bestimmung für gleichbedeutend mit § 19. Dagegen: Kohler[112]), Dernburg[113]), Gierke[114]) legen die Bestimmung verschieden aus.

Welches ist der Inhalt der Wirkung der Umschreibung?

a) Der Ansicht zahlreicher Autoren[115]) nach hat die Umschreibung keine konstitutive Wirkung: für den Erwerb des Zeichenrechts ist die

---

[104]) Zeichen S. 126 im Vergleich zu Patent S. 279 ff.

[105]) S. 526 ff. im Vergleich zu S. 188.

[106]) Zeichen S. 148 im Vergleich zu Patent II S. 46.

[107]) Register- und Rolleneinschreibung S. 55 im Vergl. zu S. 45.

[108]) Zeichen S. 43.

[109]) S. 220 im Vergl. zu S. 50.

[110]) S. 348 im Vergl. zu S. 109.

[111]) RGZ. 69, 1: 67 S. 176.

[112]) Zeichen S. 156 im Vergl. zu Lehrbuch des Patentrechts S. 177.

[113]) IV S. 334 Anm. 72 im Vergl. zu S. 899 Anm. 9.

[114]) I S. 738 Anm. 72 im Vergl. zu S. 899 Anm. 9.

[115]) Seligsohn a. a. O. S. 120, Allfeld a. a. O. S. 516 ff., Schanze a. a. O

Umschreibung bedeutungslos. Das WZR. geht unabhängig von der Umschreibung durch den Vertrag[116]) (oder sonstige Tatsache) über. Die Umschreibung ist nur die formale Bedingung für die Legitimation des Erwerbers.

b) Nach Osterrieth schafft die Umschreibung dem Vertrag Wirksamkeit gegenüber Dritten. Er sagt: „Solange der Vermerk nicht erfolgt ist, wirkt die Vereinbarung über den Übergang nur unter den Parteien" (S. 348). Gierke hat die Wirkung der Umschreibung der Patentrolle ebenso wie Osterrieth ausgelegt, folgt aber in bezug auf die Wirkung der Umschreibung der Zeichenrolle der Ansicht unter a) [117]).

c) Abweichend von der Patentrolle nimmt bei der Zeichenrolle niemand konstitutive Wirkung für die Eintragung der Umschreibung an. Auch Kohler und Dernburg, welche für die Umschreibung in der Patentrolle die konstitutive Wirkung anerkannt haben, folgen hier der Ansicht unter a).

Die Ansicht unter a) ist die allgemein herrschende. Auch das RG.[118]) schließt sich ihr an. Also hat die Umschreibung nur deklarative Wirkung. Der Übergang des Zeichenrechts ist unabhängig von der Umschreibung. Mit dem Inkrafttreten des Vertrages kommt der Übergang rechtsgültig zustande. In diesem Punkt übereinstimmend mit dem Übergang des Patentrechts. Das Zeichenrecht kann jedoch, abweichend vom Patentrecht, nur zusammen mit dem Geschäftsbetriebe, zu welchem das Warenzeichen gehört, auf einen anderen übergehen (§ 7 Abs. 1 Satz 2) [119]). Bei dieser Bestimmung handelt es sich um jus cogens — eine widersprechende Handlung ist deshalb unwirksam[120]). Man kann aber dieses Verbot durch sog. leere Übertragung umgehen, indem der Inhaber einem anderen Gewerbetreibenden die Einschreibung für sich gestattet und dann sein Zeichen löschen läßt. Denn hier findet keine Übertragung statt, sondern eine Neubegründung[121]).

S. 55, Kent a. a. O. S. 148, Ebermeyer a. a. O. S. 220, Pinzger S. 140, Hagens S. 143.

[116]) Abstrakter, dinglicher Vertrag. Vgl. Pinzger S. 124, Seligsohn, Zeichen S. 120, auch oben S. 98 der Abhandlung.

[117]) I S. 738 Anm. 72.

[118]) RGZ. 69, 1. RGSt. 41, 422.

[119]) Entspricht § 23 D. HGB. Nach J. WZG. kann das ZR. ebenso wie in Deutschland, nicht vom Geschäftsbetrieb getrennt, übergeben werden. Aber die Firma kann, abweichend vom deutschen Gesetz, selbständig, d. h. ohne Handelsgeschäft, auf einen anderen übergehen (J. HGB. §§ 22, 23).

[120]) Vgl. Pinzger S. 36, Seligsohn, Zeichen S. 117, RG. 51, 263, insbesondere vom 20. Dez. 1927, M. u. W. 27./28. Seite 249 ff.

[121]) Vgl. Pinzger S. 134, Seligsohn, Zeichen S. 120, Hagens S. 137, Allfeld S. 520, Kent, Zeichen Nr. 212.

Die Löschung hat konstitutive Wirkung. Ohne Eintragung erfolgt kein Erlöschen. Erst durch die Löschung geht das Zeichenrecht unter; dies wird einerseits logisch aus dem Eintragungsprinzip und andererseits gesetzlich durch die §§ 8 und 9 begründet. Daß die Löschung konstitutive Wirkung hat, ist unzweifelhaft[122]). Es fragt sich aber, ob der Löschung formale Rechtskraft zukommt oder nicht: wirkt die Löschung für sich allein oder nur dann, wenn bestimmte materielle Voraussetzungen gegeben sind?

Vertreter der Ansicht der formalen Rechtskraft sind: Kent[123]), Schanze[124]), Pinzger[125]), Hagens[126]). Anderer Ansicht sind: Allfeld[127]), bei dem es auffällig erscheint, daß er der Einschreibung formale Rechtskraft zuerkennt, während er dies bei der Löschung nicht tut, Finger[128]) und Kohler[129]).

Weiter fragt es sich, ob die Löschung rückwirkende Kraft hat oder nicht. Diese Frage hängt mit der obigen zusammen. Wer keine formale Rechtskraft annimmt, läßt die Wirkung der Löschung auf denjenigen Zeitpunkt zurückverlegen, an welchem zuerst ein Rechtsgrund für die Löschung gegeben war[130]). Wer die formale Rechtskraft annimmt, folgt der anderen Ansicht[131]). Das RG. verneint, „daß das gelöschte Zeichen auch rückwärts als nichteingetragen anzusehen wäre, sondern es wird nur dem bisherigen Zeicheninhaber für die Zukunft die Geltendmachung des Zeichenrechts mit rückwirkender Kraft für die Zeit des Vorhandenseins des Löschungsgrundes versagt“ [132]).

III. Stellt man die Wirkungen, die die Eintragungen auf die Rechtsänderungen haben, im deutschen und im japanischen Recht einander gegenüber, so ergibt sich folgendes:

Nach deutschem Grundbuchrecht unterliegen die rechtsgeschäftlichen Rechtsänderungen dem materiellen Eintragungsprinzip: die Ein-

---

[122]) Pinzger S. 203, Hagens S. 144 f., Schanze a. a. O. S. 67, Allfeld S. 567, Kent S. 172, Kohler S. 133 f.; Seligsohn sagt aber, daß die Bedeutung der Löschung darin bestehe, daß mit ihr das — frühere — Erlöschen des Rechts geltend gemacht werden darf. S. 185.

[123]) Zeichen S. 175.

[124]) a. a. O. S. 79.

[125]) S. 199 ff. und 203.

[126]) S. 68.

[127]) S. 571.

[128]) S. 322.

[129]) Zeichen S. 133 f.

[130]) Vgl. Kohler, Zeichen S. 134, Allfeld S. 567, Seligsohn, Zeichen S. 187.

[131]) Vgl. Hagens S. 207 f., Pinzger S. 204 f., Schanze a. a. O. S. 84, Kent, Zeichen S. 174 Nr. 241, S. 306 Nr. 480.

[132]) Hagens S. 207 Anm. 39.

tragungen haben konstitutive Wirkung. Die anderen Eintragungen unterliegen dem formalen Eintragungsprinzip: die Eintragungen haben nur beurkundende Wirkung. Im Gegensatz zu dieser Unterscheidung haben im japanischen Grundbuchrecht alle Eintragungen stets nur beurkundende Wirkung. Japan folgt also dem formalen Eintragungsprinzip. Die Rechtsänderung kommt unabhängig von der Eintragung zustande. Die Wirkung der Eintragung beschränkt sich auf die Möglichkeit der Geltendmachung des Rechts gegen Dritte.

Was die Rollen anlangt, so folgt hier im deutschen Recht Einschreibung und Löschung in der Zeichenrolle dem materiellen Eintragungsprinzip, ebendies den Grundsätzen der formalen Rechtskraft. Die Einschreibungen in die Musterrolle wirken ebenfalls konstitutiv, wenn auch nicht im Sinn einer formalen Rechtskraft, diejenigen in die Patentrolle und des Musterregisters jedoch nur deklaratorisch, haben also nur beurkundende Wirkung. Alle anderen Eintragungen, die nicht in Einschreibungen bestehen, in Rollen oder Register, folgen nur dem formalen Eintragungsprinzip.

Ganz anders nach japanischem Recht. Hier sind alle Einschreibungen in allen Rollen gleichermaßen dem materiellen Eintragungsprinzip und der formalen Rechtskraft angepaßt; anders als im japanischen Grundbuch, wo alle Eintragungen nur beurkundend wirken.

Die japanischen Rollen sind also ganz einheitlich ausgestaltet. Die Eintragungen haben stärkere Wirkung als im Grundbuch. Die deutschen Rollen sind unter sich sehr verschieden und im allgemeinen ist die Eintragung in sie mit schwächeren Wirkungen ausgestattet als die Eintragungen im Grundbuch.

Kapitel 2.

Wirkung der Eintragung für den Rang.

Der Rang betrifft das Verhältnis mehrerer beschränkender Rechte an demselben Gegenstande zueinander. Zwischen Eigentum und beschränkenden Rechten gibt es keinen Rang[1]). Der Rang bezeichnet somit kein Recht, sondern nur ein Verhältnis; wohl aber erzeugt der Vorrang Rechte, die man Rangrechte nennt[2]). Da die Sachenrechte und die Immaterialgüterrechte ein ausschließliches Herrschaftsrecht an dem Gegenstand gewähren, an dem sie bestehen, und es viele Arten dieser Rechte gibt, auch an demselben Gegenstand mehrere Rechte der gleichen Art bestehen können, entsteht die Notwendigkeit, ihr Verhältnis zu-

---

[1]) Wolff S. 109 Anm. 1, Crome III S. 133, Nakajima II S. 12ff.

[2]) Wolff S. 111, Biermann S. 80, Gierke II S. 323 Anm. 99, Nakajima II S. 1071.

einander, also ihren Rang zu bestimmen. Die Eintragung im Grundbuch und den Rollen (letztere nur in Japan) ist für den Rang von entscheidender Bedeutung.

I. Grundbuch.

1. Nach deutschem Recht wird das Rangverhältnis durch die Eintragung bestimmt.

a) Maßgebend ist die Eintragung, nicht das wahre Alter der Rechte. Das Grundbuch folgt dem Grundsatz prior tempore potior iure nur in dem Sinne, als das gebuchte Alter gerechnet wird[3]). Daß es nur auf die Eintragung ankommt, zeigt sich besonders in dem Falle, daß das Recht erst nach der Eintragung entsteht, z. B. die Einigung der Eintragung nachfolgt[4]). Auch dann ist nicht der Zeitpunkt des Entstehens des Rechtes maßgebend, sondern derjenige, in dem die Eintragung stattgefunden hat. Das Rangverhältnis bestimmt sich also nach der Eintragung, und zwar nach der Reihenfolge der Einträge bei Eintragungen in derselben Abteilung (sog. Locusprinzip), nach der Datenfolge bei Eintragungen in verschiedenen Abteilungen. Rechte, die in verschiedenen Abteilungen am gleichen Tage eingetragen sind, haben gleichen Rang (§ 879 BGB.). In welchem Verhältnis mehrere Rechte an einem Grundstücksrecht zueinander stehen, ist im Gesetz nicht gesagt. Doch kann man die Reihenfolge der Eintragungen entsprechend anwenden[5]).

b) Maßgebend ist die Eintragung, nicht der Antrag. Nach § 17 GBO. sind die Anträge nach dem Zeitpunkt ihres Eingangs zu erledigen. Kommt an demselben Tage ein früherer und ein späterer Antrag zur Erledigung, die je in verschiedene Abteilungen des Grundbuchs gehören, so muß der Grundbuchrichter gemäß § 46 GBO. den Vorrang des früheren Antrags vor dem späteren besonders im Grundbuch vermerken. Verfährt der Richter nach diesen Vorschriften, so fällt jeder Einfluß des Antrags auf das materielle Recht fort[6]); entscheidend ist die Eintragung.

Der Grundsatz, daß das Rangverhältnis durch die Eintragung bestimmt wird, erleidet gewisse Ausnahmen: Manche dinglichen Rechte haben kraft Gesetzes einen Vorrang, z. B. das neue Erbbaurecht, die Heimstättenberechtigung.

Sowohl bei der Rechtsänderung als auch bei der nachträglichen Rangänderung können die Beteiligten ein von den allgemeinen Grund-

---

[3]) Vgl. Gierke II S. 321 ff., J. Gierke S. 32, Kohler, Sachenrecht S. 83.
[4]) Vgl. Wolff S. 110, Gierke II S. 317 Anm. 51, S. 332 Anm. 126.
[5]) Vgl. Wolff S. 112.
[6]) Güthe S. 272, Fuchs S. 88 Anm. 4, RG. 57, 277 ff.

sätzen abweichendes Rangverhältnis vereinbaren. Ferner kann der Eigentümer bei der Belastung eines Grundstücks sich für ein später einzutragendes Recht den Vorrang vor dem zunächst einzutragenden vorbehalten. Aber in allen diesen Fällen ist die Eintragung erforderlich, die somit das Rangverhältnis entscheidend bestimmt, §§ 879 III, 880, 881 BGB.

Das Grundbuch ist es sonach, das bei der Eintragung der Rechte den Rang bestimmt, und auch für die Fälle abweichender Rangvereinbarung und des Rangvorbehalts den entscheidenden Ausschlag gibt. Das bezieht sich jedoch nur auf die Rechte, die zur Eintragung gelangen, während es für die Rechte, die nicht der Eintragung bedürfen, für die Bestimmung ihres Ranges bei dem Zeitpunkt ihrer Entstehungszeit verbleibt, so z. B. die kraft Surrogation entstehende Sicherungshypothek des § 1287 Satz 2, §§ 914, 917 BGB.[7]).

2. Nach japanischem Recht.

§ 6 der J.GBO. sagt: „Der Rang eingetragener Rechte, die auf Liegenschaft Bezug haben, bestimmt sich nach der Reihenfolge der Eintragungen, soweit das Gesetz nicht anders bestimmt.

Die Reihenfolge der Eintragungen richtet sich für Eintragungen in derselben Abteilung nach der Rangnummer, für verschiedene Abteilungen nach der Eingangsnummer."

Das japanische Recht bestimmt also das Rangverhältnis nach den gleichen Gesichtspunkten wie Deutschland. Doch hat die Bestimmung des japanischen Rechts viel größere Bedeutung als die des deutschen Rechts. Denn nach deutschem Recht fällt das wahre Alter eines dinglichen Rechts in der Regel mit dem buchmäßigen zusammen, da zur Entstehung die Eintragung erforderlich ist. Nach japanischem Recht hingegen vollzieht sich das Entstehen eines dinglichen Rechts am Grundstück außerhalb des Grundbuchs[8]). Der § 6 der J. GBO., der den Rang der dinglichen Rechte von dem Zeitpunkt der Eintragung ab rechnet, bedeutet sonach für die Anerkennung der Abhängigkeit des Ranges vom buchmäßigen Alter mehr als § 879 D. BGB.

Der Rang wird also durch die Zeitfolge der Eintragungen bestimmt. Die Zeitfolge, in der die Eintragungen zu erfolgen haben, bestimmt sich bei Eintragungen in derselben Abteilung durch die Rangnummer, bei Eintragungen in verschiedenen Abteilungen durch die Eingangsnummer. Unter Rangnummer versteht man die Nummer, die die einzelne Eintragung in einer Abteilung erhält, unter Eingangsnummer die laufende Nummer, die jeder bei einem Grundbuchamt eingegangene Antrag

---

[7]) Vgl. Wolff S. 111, Gierke II S. 325 mit Anm. 95.

[8]) S. Seite 89ff.

erhält. Alle Eintragungen tragen danach zwei Nummern, die Rangnummer und die Eingangsnummer, § 47 GBO.

Die Rangbestimmung der Rechte in derselben Abteilung entspricht vollständig derjenigen des deutschen Rechts, nicht aber diejenige in verschiedenen Abteilungen. Gelangen an demselben Tage zwei Anträge, deren Erledigung in verschiedenen Abteilungen zu erfolgen hat, an das Grundbuchamt, so haben sie nach deutschem Recht (§ 879 I 2 BGB.) gleichen Rang, anders nach japanischem Recht, wo sich der Rang aus der Reihenfolge der Eintragungsnummern ergibt. Gehen zwei solche Anträge gleichzeitig ein, so erhalten sie die gleiche Eingangsnummer (GBO. § 47) und somit den gleichen Rang.

Das Rangverhältnis zwischen Rechten an Grundstücksrechten, das im deutschen Recht nicht geregelt ist, wird im japanischen Recht von dem Wortlaut des § 6, der etwas weiter gehalten ist, als der des § 879 BGB., der nur von Rechten spricht, mit denen ein Grundstück belastet ist, mit betroffen.

Ausnahmen von dem Grundsatz, daß das Rangverhältnis durch die Eintragung bestimmt wird, sind:

a) Mehrere Vorzugsrechte[9]) untereinander. Treffen mehrere allgemeine Vorzugsrechte zusammen, so bestimmt sich nach § 329 J. BGB. das Rangverhältnis nach einer besonderen Reihenfolge, die in § 306 für die verschiedenen Forderungen festgelegt ist. Trifft ein allgemeines Vorzugsrecht mit einem besonderen Vorzugsrecht zusammen, so geht das besondere Vorzugsrecht im Range vor (§ 329 II J. BGB.). Treffen mehrere besondere Vorzugsrechte an derselben unbeweglichen Sache zusammen, so bestimmt sich das Rangverhältnis nach folgender Reihenfolge: zuerst kommen die Forderungen aus Maßnahmen zur Erhaltung der Sache, sodann aus einer Bebauung und schließlich aus einem Verkauf der Sache (§§ 331, 325 BGB.).

b) Vorzugsrechte im Verhältnis zu anderen beschränkten Rechten. Nach §§ 339, 361 BGB. genießen die besonderen Vorzugsrechte, die aus Maßnahmen zur Erhaltung und zur Bebauung herrühren, sofern sie eingetragen sind, den Vorrang vor Hypotheken und Pfandrecht.

c) Ist eine Vormerkung zur Erhaltung des zu erwerbenden Rechtes für jemand eingetragen, so wird der Rang des Rechtes, sobald dieses endgültig zur Eintragung gelangt, auf den Zeitpunkt der Vormerkung zurückbezogen. § 7 II GBO. Hier genießt also entgegen dem allgemeinen Grundsatz von der Rangbestimmung nach der Reihenfolge der Eintragungen die spätere Eintragung den Vorrang vor der früheren.

Rangänderung durch Parteivereinbarung ist wie im deutschen Recht möglich. Sie bedarf der Eintragung, damit die Geltendmachung gegen

---

[9]) S. Seite 41.

Dritte möglich wird[10]). Das Rechtsinstitut des Rangvorbehalts ist dem japanischen Recht unbekannt. Als Ersatz dient erstens die Vormerkung und zweitens die sog. Wurzelhypothek, d. i. eine für eine künftige Forderung bestellte Hypothek, die die Rechtsprechung des Reichsgerichts (RG. vom 25. Okt. 1901) und die Wissenschaft (Nakajima II S. 787ff., Umé II S. 500ff., Tomii II S. 460) in Japan für wirksam erklärt hat[11]).

II. Rollen.

1. Nach japanischem Recht ist die Wirkung der Rollen (ausschließlich der Zeichenrolle) in Ansehung des Ranges wie die des Grundbuches.

Der Rang der Rechte an Immaterialgüterrechten bestimmt sich nach der Reihenfolge der Eintragungen, die Eintragung bei derselben Abteilung nach der Rangnummer, bei verschiedenen Abteilungen nach der Eingangsnummer (§ 6 der Patenteintragungsverordnung). Wenn es diese Bestimmung, die für alle Rechte an den Industrierechten gilt[12]), nicht gäbe, so würde der Rang mehrerer Pfandrechte nach §§ 362, 355 BGB. durch den Zeitpunkt der Entstehung bestimmt werden. Ferner käme für Lizenzrechte, die nur Forderungsrechte sind[13]), ein Rangverhältnis überhaupt nicht in Frage. Durch § 6 der Patenteintragungsverordnung hat jedoch für alle Rechte an Industrierechten (auch für die Lizenzrechte), der Grundsatz Geltung, daß die Reihenfolge der Eintragungen entscheidet.

Im Falle der Eintragung der Vormerkung wird der Rang der endgültigen Eintragung des Rechts auf den Zeitpunkt der Vormerkung zurückbezogen wie beim Grundbuch (§ 8 Patenteintragungsverordnung).

Allgemeine Vorzugsrechte sind an Industrierechten möglich. Über ihre Eintragbarkeit und ihr Rangverhältnis zu anderen Rechten fehlt eine gesetzliche Bestimmung. Manche[14]) wollen aus dem Wesen des Vorzugsrechts eine dem Verhältnis von Vorzugs- und Pfandrechten an Grundstücken entsprechende Regelung annehmen, also dem Vorzugs-

---

[10]) §§ 375, 361, 177. Vgl. auch Nakajima I S. 39ff., 47ff., Suehiro I S. 62.

[11]) Eine gesetzliche Grundlage für diese Auffassung fehlt jedoch, da dem japanischen Recht eine dem § 1113 II D. BGB. entsprechende Vorschrift fehlt. Die Hypothek für eine künftige Forderung (meist liegt ein Krediteinräumungsvertrag zugrunde), die die Praxis zugelassen hat, steht dem Gläubiger zu, anders als im deutschen Recht, wo die für eine künftige Forderung bestellte Hypothek bis zur Entstehung der Forderung dem Eigentümer als Eigentümergrundschuld zusteht (RG. 51, 43; 75, 221; Wolff § 134 I; anders Biermann § 1113 A. 3).

[12]) S. Seite 63ff.

[13]) Vgl. oben S. 44.

[14]) Z. B. Yoshihara, Patent S. 121.

recht stärkere Wirkung beilegen als dem Pfandrecht, andere[15]) umgekehrt dem eingetragenen Pfandrecht aus Gründen des Publizitätsprinzips den Vorrang vor dem nichteingetragenen Vorzugsrecht einräumen. M. E. ist mangels gesetzlicher Regelung der allgemeine Grundsatz „Prior tempore potior iure“ entscheidend, so daß sich der Rang nach dem Zeitpunkt des Entstehens der Rechte richtet; je nachdem hat das Vorzugsrecht oder das Pfandrecht den Vorrang[16]).

Da der Rang zum Inhalt des Rechtes gehört[17]), muß man die durch Parteivereinbarung vollzogene Rangänderung als Rechtsänderung auffassen. Im Falle ihrer Eintragung hat sie die gleiche Wirkung wie im Gebiete des Grundbuchrechts.

2. Nach deutschem Recht sind die beschränkten Rechte an den Industrierechten, wie das Pfandrecht und das Lizenzrecht, der Eintragung nicht fähig. Daher bestimmt sich ihr Rangverhältnis zueinander lediglich nach der Zeitfolge der Entstehung[18]). § 1208 BGB. findet keine Anwendung im Gebiete des Pfandrechts an Rechten. Was die dingliche Lizenz betrifft, so gilt dasselbe, während die nur obligatorisch wirkende Lizenz stets hinter den dinglichen Rechten zurücktritt.

Nimmt man jedoch mit Kohler und Isay Eintragungsfähigkeit der Rechte an Industrierechten an[19]), dann dürfte eine Behandlung der Rangfragen so wie im japanischen Recht eingreifen, also der Zeitpunkt der Eintragung maßgebend sein.

Bis jetzt haben wir den Rang mehrerer beschränkter Rechte aus Industrierechten im deutschen und japanischen Recht behandelt. Mehrere Industrierechte selbst können untereinander nicht in einem Rangverhältnis stehen. Hier kommt nur der Gedanke der Priorität in Betracht. Die Eintragung in die Rollen hat für die Priorität keine Bedeutung, da maßgebend für die Priorität der Zeitpunkt der Anmeldung (oder der Zurschaustellung auf einer inländischen oder ausländischen Ausstellung)[20]) der Rechte, nicht derjenige der Eintragung ist[21]). Eine Ausnahme von diesem Satze findet sich lediglich im internationalen Markenrecht, wo die Eintragung im Register des Berner Büros die Priorität bestimmt[22]).

---

15) Suehiro, I S. 171 ff.

16) Vgl. Nakajima II S. 836.

17) Vgl. Wolff S. 108, 113. Nakajima II S 1070 ff.

18) Vgl. Wolff S. 614.

19) Vgl. oben S. 43.

20) D. G. vom 18. März 1904; §§ 6 J. PG., 26 J. GebrMG., 25 J. GeschmMG., 4 J. WZG.

21) D. PG. § 3, J. PG § 8, D. GebrMG. § 2 (vgl Bl. I 153), J GebrMG. § 4. D. GeschmMG. § 7, J. GeschmMG § 4, D. WZG. §§ 1, 5, J WZG. § 4.

22) Art. 4 Madrider Abkommen betr. internationale Registrierung von Fabrik- und Handelsmarken.

III. Stellt man das deutsche und das japanische Recht gegenüber und vergleicht, welche Bedeutung die Eintragung in die öffentlichen Bücher im Gebiete der Rangfragen hat, so ergibt sich: In beiden Ländern bestimmt sich im Grundbuchrecht der Rang nach der Eintragung, im Industrierecht in Japan in Anlehnung an das Grundbuchrecht ebenfalls nach der Eintragung, während im deutschen Industrierecht sich der Rang nicht nach dem Zeitpunkt der Eintragung bestimmt, die Rollen auf den Rang also keinen Einfluß haben.

Kapitel 3.

Die Vermutung für die Richtigkeit des Grundbuchs und der Rollen.

Wo das Prinzip der formalen Rechtskraft gilt, stimmt die wirkliche Rechtslage stets mit der buchmäßigen überein. Wo dieses aber nicht gilt, ist ein Zwiespalt zwischen beiden möglich. Um ihn auszugleichen, legen moderne Gesetzgebungen aus Gründen der Verkehrssicherheit den Büchern in gewisser Weise eine überwiegende Kraft bei, die stärker sein soll als die wahre Rechtslage. Dies wird erreicht durch die beiden Mittel der Vermutung für die Richtigkeit und des öffentlichen Glaubens der Bücher. Beide haben also in gleicher Weise den Zweck, die buchmäßige und die wahre Rechtslage in Einklang zu bringen. Sie unterscheiden sich aber in mehrfacher Hinsicht. Erstens kommt der öffentliche Glaube nur dem redlichen Erwerber zustatten, die Vermutung jedem eingetragenen Rechtsinhaber. Zweitens deckt der öffentliche Glaube nur die Voreintragungen, auf welche sich der Rechtserwerb stützt, während die Vermutung auf das Recht des Erwerbers selbst sich bezieht; und drittens begründet die Vermutung nur einen durch Gegenbeweis entkräftbaren Schein, der öffentliche Glaube aber eine Fiktion des Bestehens des Rechts. Aus allen diesen Gründen muß die Vermutung von dem öffentlichen Glauben getrennt behandelt werden.

I. Das D. BGB. bestimmt: Ist im Grundbuch für Jemand ein Recht eingetragen, so wird vermutet, daß ihm das Recht zustehe. Ist im Grundbuch ein eingetragenes Recht gelöscht, so wird vermutet, daß das Recht nicht bestehe (§ 891).

1. Der Inhalt der Vermutung ist ein doppelter. Er bezieht sich auf die positiven Eintragungen und ferner auf Löschungen.

Die Vermutung betrifft nur eintragungsfähige Sachenrechte. Damit sind von vornherein alle nichtsachenrechtlichen Rechtsverhältnisse von dem Schutze der Vermutung ausgeschlossen, so insbesondere z. B. Forderungsrechte, Verfügungsbeschränkungen, Vormerkungen[1]), Wider-

[1]) Jedoch kann § 891 insofern entsprechende Anwendung auf die Vormerkung finden, als der Vormerkungsgläubiger die materiellrechtlichen Voraussetzungen

sprüche, sowie rein tatsächliche Umstände, während andererseits alle Sachenrechte von der Vermutung betroffen werden, also auch Briefhypotheken[2]); ferner sind ausgeschlossen diejenigen Sachenrechte, die nicht eintragungsfähig[3]) sind; die Vermutung bezieht sich sowohl auf das Eigentum wie die beschränkten Sachenrechte. Ob die Eintragung nach formellem Grundbuchrecht zu Recht oder zu Unrecht geschehen ist, ist gleichgültig, ebenso, ob den Parteien die Richtigkeit des Grundbuchs bekannt war oder nicht. Auch die Eintragung eines Widerspruchs ist der Vermutung unschädlich[4]).

Die Vermutung erstreckt sich nur auf gegenwärtige Eintragungen. Daß ein Recht, das eingetragen war, bestanden hat, wird nicht vermutet. Für den Begriff der gegenwärtigen Eintragung genügt es, wenn im Falle eines Prozesses derjenige, der sich auf die Vermutung beruft, bis zur letzten mündlichen Verhandlung eingetragen wird.

2. Die Wirkungen der Buchvermutung sind folgende:

Die Buchvermutung wirkt hauptsächlich[5]), wenn auch nicht ausschließlich[6]), für das Verfahren. Sie erschöpft sich in der Regelung der Beweislast.

Sie ist, wie jede Vermutung widerlegbar. § 891 schafft keine Wirkung der Fiktion, wie §§ 1058, 1141 I 2 BGB. Beweispflichtig ist also, wer behauptet, daß der Eingetragene nicht der Berechtigte sei, also z. B. der Eingetragene, wenn er seine Passivlegitimation, der Gegner des Eingetragenen, wenn er dessen Aktivlegitimation bemängelt. Der Gegenbeweis ist dahin zu führen, daß die im Grundbuch als rechtsbegründend angegebenen Tatsachen rechtsbegründend nicht sind.

Die Buchvermutungen sind absolut. Sie wirken für und gegen jedermann, anders als in § 1006[7]), wo nur zugunsten des Besitzers einer beweglichen Sache eine Vermutung für das Eigentum statuiert wird. Die Vermutung des § 891 besteht, gleichviel ob Gutgläubigkeit oder Schlechtgläubigkeit vorliegt.

---

der Eintragung der Vormerkung nicht zu erweisen braucht. (Staudinger III zu 883 V 3a, Biermann zu 891 2d).

[2]) Ebenso Biermann a. a. O. 2a, Turnau Bem. S. 239, Oberneck § 49 Ziff. 3, anders Fuchs Bem. 5c S. 149, Dernburg III S. 166.

[3]) So Wolff S. 118, Biermann a. a. O. 2d, J. Gierke S. 34, Staudinger zu 891 2b S. 213, anders Crome III S. 145.

[4]) Ebenso Wolff a. a. O., Biermann a. a. O. 2b, anderer Ansicht: Dernburg III S. 167, Fuchs Bem. 4 S. 148.

[5]) So Kohler, Sachenrecht S. 102, Gierke II S. 326, Heymann S. 351.

[6]) So allerdings Wolff a. a. O.

[7]) Anders die entsprechende Bestimmung des japanischen Rechts (§ 188 J. BGB.).

3. Innerer Grund der Buchvermutung.

Zur Rechtfertigung für die Buchvermutung, die das Gesetz aufstellt, verweisen einige Schriftsteller auf die Erfahrung des Lebens, nach der die buchmäßige und die wirkliche Rechtslage in aller Regel übereinstimmen[8]). Andere, z. B. Planck zu § 891 Anm. 1 begründen die Vermutung damit, daß nach der GBO. eine Eintragung und Löschung nur erfolgen kann, wenn ihre gesetzlichen Voraussetzungen, insbesondere die Eintragungsbewilligung des Beteiligten dem Grundbuchrichter dargetan sind. Die Voraussetzungen der Eintragungen sind derart, daß eine hohe Wahrscheinlichkeit dafür gewonnen wird, daß das Grundbuch niemanden als Berechtigten ausweist, der es nicht ist[9]). M. E. sind beide Begründungen für die Vermutung zutreffend.

II. Das J. BGB. hat keine Bestimmung über eine Vermutung. Da jedoch die soeben ausgeführten inneren Gründe für das Bestehen einer Vermutung auch im japanischen Recht zutreffen, nimmt sowohl die Rechtsprechung des RG.[10]) wie die Wissenschaft[11]) eine Vermutung an.

III. Im Gebiete des Industrierechts fehlt sowohl im deutschen wie im japanischen Recht eine gesetzliche Bestimmung.

Wie schon S. 94 ff. erwähnt, haben Einschreibung und Löschung in die Zeichenrolle nach deutschem Recht, und die Einschreibungen in sämtliche Rollen nach japanischem Recht formale Rechtskraft. Deshalb ist insoweit für ein Rechtsinstitut, das zum Ausgleich eines Widerspruchs zwischen wirklicher und buchmäßiger Rechtslage dient, kein Raum. Nur für die übrigen Fälle entsteht die Frage nach einem solchen Ausgleich: nämlich im deutschen Recht für die Einschreibungen in die Patentrolle, Musterrolle, Musterregister, für sämtliche Umschreibungen (auch solche des Zeichenrechts) sowie Löschungen (diese mit Ausnahme der Zeichenrolle), im japanischen Recht für sämtliche Umschreibungen und Löschungen.

Eine Vermutung ist hier anzunehmen für die Einschreibungen in die deutsche Patentrolle sowie für die Umschreibungen und Löschungen in beiden Rechten, soweit sie nicht unter der formalen Rechtskraft stehen. Denn die erwähnten Gründe für die Vermutung (wenigstens faktische) treffen auch hier zu[12]). Für die Einschreibung in die deutsche Musterrolle und das Musterregister ist die Frage nach dem Bestehen einer Vermutung sehr zweifelhaft und bestritten. Einige erkennen eine

---

[8]) So Dernburg III S. 140, Wolff S. 118.

[9]) Motive III S. 154.

[10]) RG. vom 14 Mai 1910, 3. Aug. 1914, 3. April 1918, 3. Dez. 1918.

[11]) Suehiro I S. 170ff., Nakajima II S. 162f

[12]) Kisch S. 287ff. mit Anm. 46, Kent, Patent II S. 48 Nr. 35, Schanze in ZGR. 1893 S. 170, 172, Register- und Rolleneinschreibung S. 80.

Vermutung an, z.B. Stenglein[13]) und (für die Gebrauchsmusterrolle) Hugo Alexander-Katz[14]), während andere, z. B. Kohler[15]) und Schanze[16]) eine solche Vermutung ablehnen. Die Vermutung begründet Alexander Katz damit, daß sich für die Eintragung gar keine andere Funktion denken lasse als die, daß die Eintragung die widerlegbare Vermutung der Rechtsbeständigkeit begründe. Die Ablehnung wird damit gerechtfertigt, daß eine materielle Prüfung nicht stattfinde; wenn die Eintragung durch das Gesetz nur von der Abgabe der Erklärung, nicht der Richtigkeit des Inhalts der Erklärung abhängig gemacht würde, dann sei für den Gedanken einer Vermutung kein Raum. Das GeschmMG. enthalte zwar in § 13 eine Vermutung für die Urheberschaft. Diese bedeute aber keine Vermutung auch für die Schutzfähigkeit. Eine dritte Ansicht[17]) unterscheidet zwischen Musterrolle und -register. Für die erstere wird der Schutz mangels einer gesetzlichen Bestimmung abgelehnt, für die letztere auf Grund einer ausdehnenden Auslegung des § 13 bejaht.

Sucht man eine Lösung in dieser zweifelhaften Frage, so muß man davon ausgehen, ob mangels einer gesetzlichen Bestimmung denn der innere Grund für eine Vermutung auch bei der Musterrolle und dem Musterregister zutrifft. Das ist aber nicht der Fall, da bei beiden eine materielle Prüfung nicht stattfindet und eine Wahrscheinlichkeit daher für das Recht nicht besteht. Die Motive führen dies bezüglich des Gebrauchsmusterschutzes aus. Aber auch beim Geschmacksmuster kann man eine Vermutung nicht annehmen, denn § 13, der lediglich von dem Urheber spricht, ist einer ausdehnenden Auslegung auf den Bestand einer Vermutung für die Schutzfähigkeit nicht fähig.

III. Zusammenfassend: Das D. BGB. enthält für das Grundstücksrecht eine klare Bestimmung für eine Vermutung, das J. BGB. nicht. Für letzteres, wie für alle Rollen (sofern nicht der Grundsatz der formalen Rechtskraft gilt) ist aber in Japan die Vermutung trotzdem anerkannt. Dasselbe gilt für das deutsche Industrierecht, wo die Vermutung nur für die Einschreibung in die Musterrolle und das Musterregister abgelehnt wird. De lege ferenda empfiehlt sich die gesetzliche Anerkennung einer Vermutung für das Grundbuch und sämtliche Rollen in beiden Ländern.

---

13) Die strafrechtlichen Nebengesetze des Deutschen Reiches, 3. Aufl. S. 39, 99.

14) Mitteilungen vom Verbande deutscher Patentanwälte Bd. 13 S. 13.

15) Musterrecht S. 95.

16) In M. u. W. XV S. 155, Register- u. Rolleneinschreibung S. 29 ff.

17) Allfeld S. 348 f., 401 f., Osterrieth S. 191, 236, Ebermayer S. 65 zu § 4 GebrMG. Anm. 1, S. 198 zu § 13 GeschmMG. Für das Musterregister Riezler S. 49.

Kapitel 4.

Der öffentliche Glaube des Grundbuchs und der Rollen.

I. Die Buchvermutung hat hauptsächlich nur für das Verfahren Bedeutung. Sie kann dem Bedürfnis der Verkehrssicherheit nicht genügen. Um dieses zu befriedigen, bedarf es eines weiteren Mittels. Die neueren Gesetzgebungen, insbesondere des D. BGB. enthalten zu diesem Zwecke den Grundsatz des sogen. öffentlichen Glaubens des Grundbuchs[1]). Er besagt, daß zugunsten gutgläubiger Erwerber, die im Vertrauen auf das Grundbuch ein Recht von einem eingetragenen Veräußerer erwerben, der Inhalt des Grundbuchs als richtig und vollständig gilt.

1. Voraussetzungen des Schutzes sind mehrere.

Zunächst muß es sich um ein rechtsgeschäftliches Verfügungsgeschäft handeln. Der Erwerb im Wege der Zwangsvollstreckung wird nicht geschützt. Z. B. erwirbt der Gläubiger eines eingetragenen Nichteigentümers, der sich eine Zwangshypothek auf dem Grundstück nach § 867 ZPO. eintragen läßt, diese Hypothek nicht im Vertrauen auf den grundbuchmäßigen Stand. Geschützt wird ferner nicht derjenige, dessen Rechtserwerb sich kraft Gesetzes vollzieht, z. B. der Erbe des eingetragenen Nichteigentümers. Auch muß es sich stets um ein Verfügungsgeschäft des Eingetragenen handeln (§§ 892, 893 BGB.).

Zweite Voraussetzung ist Redlichkeit des Erwerbs. Der gute Glaube ist aber nur dann ausgeschlossen, wenn entweder ein Widerspruch gegen die Richtigkeit des Grundbuchs eingetragen war oder derjenige, dem der öffentliche Glaube zugute kommen sollte, positive Kenntnis von der Unrichtigkeit des Grundbuchs zur Zeit der Vornahme des Verfügungsgeschäfts hatte[2]).

Schließlich ist noch Voraussetzung, daß sich der gute Glaube auf diejenigen unrichtigen Eintragungen bezieht, die vom Gesetz als fähig des Schutzes des gutgläubigen Erwerbs bestimmt sind. Nicht der gesamte Inhalt des Grundbuchs ist dem öffentlichen Glauben unterworfen, insbesondere nicht die Eintragungen lediglich tatsächlicher Natur. Gleichgültig ist, aus welchem Grunde das Grundbuch unrichtig ist, ob der wahre Berechtigte zu dem falschen Bucheintrag Veranlassung gegeben hat oder nicht. Das Veranlassungsprinzip Meyers[3]) ist hier also nicht anwendbar. Der innere Grund für den öffentlichen Glauben

---

[1]) oder „materielles Publizitätsprinzip".

[2]) Nicht erforderlich ist, daß der Erwerber sich positiv auf das Grundbuch verlassen hat. Wolff S. 123, Biermann S. 121. Anders das schweiz. Zivilgesetzbuch § 973.

[3]) Publizitätsprinzip S. 88 ff., dagegen J. Gierke ZHR. 70 S. 398.

liegt in dem Schutze des redlichen Erwerbers, also der Verkehrssicherheit[4]).

2. Die Wirkungen des Schutzes, den das Vertrauen auf das Grundbuch genießt, bestehen darin, daß die Verfügung, die an und für sich, weil von Nichtberechtigten getroffen, unwirksam ist, als gültig angesehen wird, wie wenn das Grundbuch richtig wäre. Insbesondere spricht die Rechtsordnung dem gutgläubigen Erwerber das Recht, das er erwerben wollte, zu, obwohl es der Veräußerer nicht hatte.

Ob der sich auf der Grundlage von §§ 892, 893 BGB. vollziehende Erwerb originärer oder derivativer Natur ist, ist eine bestrittene Frage. Regelsberger[5]) nimmt das erstere mit der Begründung an, der gute Glaube des Erwerbers sei es, der das Recht des wahren Berechtigten zum Erlöschen und in eigener Person zur Entstehung brächte. Andere[6]) gehen davon aus, daß dem Veräußerer im Rahmen von §§ 892, 893 eine Legitimation, also eine Verfügungsmacht über fremdes Recht eingeräumt sei. Von dieser Annahme gelangen Gierke, Crome u. a. zu der Auffassung eines derivativen Erwerbs, Wolff und Enneccerus aber zur Auffassung eines gleichwohl originären Erwerbs. Die beiden letzten Verfasser weisen darauf hin, daß der Erwerber zwar vom verfügungsmächtigen Veräußerer zu erwerben vermöge, aber nicht Rechtsnachfolger des wahren Berechtigten sei, weil sich der Rechtserwerb nicht auf dessen Recht stütze, sondern sich trotz dessen Recht vollziehe. M. E. ist in dieser Streitfrage der Standpunkt Wolffs und Enneccerus' einzunehmen, daß der gute Glaube des Erwerbers in Verbindung mit der vom Gesetz fingierten Legitimation des Veräußerers zum Rechtsverlust des wahren Berechtigten führt, der Erwerb sich nicht vom wahren Berechtigten ableitet, mithin originär ist.

II. Das J. BGB. hat keine Bestimmung über den öffentlichen Glauben des Grundbuchs. Es ist in Literatur[7]) und Judikatur[8]) unbestritten, daß der öffentliche Glaube im japanischen Grundbuchrecht keine Geltung hat. Warum dieser Grundsatz nicht gilt, ist in Japan mehrfach Gegenstand der Erörterung gewesen. Man[9]) sagt zunächst, das japanische Grundbuch sei abweichend vom deutschen nicht vom materiellen, sondern vom formellen Eintragungsprinzip beherrscht, den

---

4) Vgl. Adler, Publizitätsprinzip S. 1ff., Enneccerus I S. 180, Motiv III S. 208.

5) In Iherings Jahrbuch Bd. 47 S. 339, 358.

6) Gierke I S. 270 Anm. 2, II S. 331, 575, Crome I S. 313f., Dernburg I S. 316, Wolff S. 125, 206, Enneccerus I S. 344.

7) Suehiro S. 172ff., Nakajima II S. 62, Hatoyama, Hogaku Bd. 33 Teil 7 S. 46ff.

8) RG. vom 27. Okt. 1908, 2. April 1919, 3. Sept. 1920.

9) Z. B. Nakajima a. a. O., Hatoyama a. a. O.

Eintragungen fehle also die konstitutive Wirkung, der Grundsatz des öffentlichen Glaubens gehöre aber nur mit dem materiellen Eintragungsprinzip zusammen, für ihn sei im japanischen Recht keine Stelle. Dieser Grundsatz ist nicht entscheidend. Auch wo die Eintragung im Grundbuch sich in deklaratorischer Bedeutung erschöpft, ist der Grundsatz des öffentlichen Grundbuchglaubens möglich, er widerspricht dem formellen Eintragungsprinzip nicht, wie z. B. auch das preußische allgemeine Landrecht [10]) zeigt, das neben dem formellen Eintragungsprinzip den öffentlichen Glauben des Grundbuchs anerkannt hat. Weiterhin will man das Fehlen des öffentlichen Glaubens im japanischen Grundbuchrecht damit begründen, daß Japan kein materielles Prüfungsrecht des Grundbuchrichters kennt („materielles Legalitätsprinzip") [11]). Allein auch in Deutschland, das grundsätzlich kein materielles Prüfungsrecht kennt, sondern nur ein formelles [12]), hat man den öffentlichen Glauben des Grundbuchs anerkannt.

Das japanische Recht ist ebenso wie das deutsche von dem Grundsatz beherrscht: Nemo plus iuris transferre potest, quam ipse habet. Ausnahmen sind nur auf gesetzlicher Grundlage anzuerkennen. Im Mobiliarsachenrecht hat das japanische Recht einen dem § 932 des D. BGB. entsprechenden Satz aufgenommen. Im Grundstücksrecht fehlt eine entsprechende Bestimmung, so daß der Grundsatz des öffentlichen Glaubens des Grundbuchs nicht gilt. Es läßt sich dies nur damit erklären, daß Japan bei Schaffung des BGB. den Rechtsinhaber mehr als die Verkehrssicherheit (im engeren Sinn) schützen zu müssen glaubte, was jedoch einem fortschrittlichen, den Bedürfnissen eines modernen Immobiliarverkehrs entsprechenden Standpunkt nicht genügend Rechnung trägt.

III. Den deutschen Industrierechten fehlt eine Bestimmung darüber, ob öffentlicher Glaube im Falle der Umschreibung [13]) eingreifen soll zugunsten desjenigen, welcher im Vertrauen auf die öffentliche Rolle von einem Nichtberechtigten erwirbt. Die Frage ist bestritten. Manche [14]) bejahen, Kohler verweist auf den Wortlaut des Gesetzes, der besagt, die Eintragung bewirke, daß der Eingetragene nach Maß-

---

[10]) I 10 § 6, 10 und 15. Vgl. Kohler, Sachenrecht S. 70.

[11]) S. oben S. 69 f.

[12]) § 20 GBO. — Prüfung der Auffassung — ist nur als Ausnahme von diesem Grundsatz aufzufassen; s. oben S. 67 ff.

[13]) Die Einschreibung kommt nicht in Betracht, weil sie sich auf die Entstehung des Rechts bezieht, und ein gültig entstandenes Recht für die Frage nach seinem Erwerb von Scheinberechtigten vorausgesetzt ist.

[14]) Kohler, Lehrbuch S. 176 ff., Musterrecht S. 137 f., H. Meyer, Publizitätsprinzip S. 95 ff., Rechtsschein des Todes S. 13 ff. Ähnlich Gierke I S. 889 Anm. 9.

gabe des Gesetzes berechtigt ist und verpflichtet sei. Hieraus folgert Kohler, daß der Erwerber mit der Eintragung unter allen Umständen berechtigt werde ohne Rücksicht auf etwaige Mängel in der Rechtsinnehabung des eingetragenen Vormannes. Der öffentliche Glaube der Rollen entspreche auch der Rechtsvernunft. Meyer (und ihm folgend Heine)[15]) sieht in der Eintragung des Nichtberechtigten eine typische erkennbare Erscheinungsform des eingetragenen Rechts. In allen Fällen aber, in denen das Gesetz einen Tatbestand als Erscheinungsform eines Rechtes behandle, müsse man auf ihn die Folgen anwenden, die dem Rechtsschein vom Gesetze in anderen Fällen beigelegt sind. Im Vertrauen auf die öffentlichen Rollen müsse also auch ein Erwerb vom eingetragenen Nichtberechtigten möglich sein.

Entgegen diesen Ansichten nimmt die herrschende Ansicht[16]) und das Reichsgericht[17]) keinen öffentlichen Glauben an. Ein solcher kann denn auch in der Tat nicht anerkannt werden, da es in Anerkennung des Satzes nemo plus iuris usw. der Statuierung einer besonderen Ausnahme bedurft hätte, an der es fehlt. Auch das positive Gesetz (vgl. § 19 II PG., § 7 II WZG.) spricht eher gegen, als für den öffentlichen Glauben.

Das japanische Industrierecht enthält ebenfalls keine Bestimmung über unsere Frage. Der öffentliche Glaube der Rollen wird einhellig und unbestritten abgelehnt im Einklang mit den allgemeinen Grundsätzen des Zivilrechts.

IV. Stellt man bei einem Vergleich das japanische Recht dem deutschen Recht gegenüber, so ergibt sich, daß im Gebiete des Grundbuchs das deutsche Recht den öffentlichen Glauben anerkennt, das japanische Recht ihn ablehnt, und im Gebiet des Rollenwesens beide Länder ihn abgelehnt haben.

Zu welchen unbilligen Ergebnissen der Mangel eines öffentlichen Glaubens, insbesondere des Grundbuchs, in Japan führt, hat die Rechtsprechung des Reichsgerichts in vielfachen Entscheidungen[18]) gezeigt.

Auch im Gebiete des Rollenwesens hat sich das Fehlen eines öffentlichen Glaubens als ein die Verkehrssicherheit gefährdender Mißstand erwiesen und zu einer Unsicherheit im rechtsgeschäftlichen Verkehr mit den Immaterialgüterrechten geführt, die hemmend wirkt.

---

[15]) Die Übertragung eines Urheberrechts, insbesondere eines Patentrechts und beschränkter Rechte am Patentgut, und ihr Erwerb vom Scheinberechtigten S. 28 ff.

[16]) Seligsohn, Patent S. 281, Zeichen S. 63, 124 ff., Kisch S. 287, Damme S. 49; Pietzcker, Patent S. 342, Riezler S. 92, Schanze, Register- und Rolleneinschreibung S. 45, Hagens S. 143, Allfeld S. 191, 319, 399, 518; Tuhr, Allgemeiner Teil (Enzyklopädie der Rechts- und Staatswissenschaft VII) S. 35; Enneccerus I S. 344.

[17]) RG. in Bl. VIII S. 179, 237; XI S. 218.

[18]) z. B. vom 26. Sept. 1911; 2. April 1919; 3. Sept. 1920; 25. Nov. 1920.

Um einem derartig unbilligen Rechtszustand ein Ende zu machen, finden sich überall Bestrebungen zur Einführung des Prinzips des öffentlichen Glaubens.

Ansätze hierzu finden sich auch schon im japanischen Grundbuchrecht. Der Hauptvertreter dieser Richtung ist Hatoyama[19]), der jedoch der Ansicht ist, daß das Anwendungsgebiet des öffentlichen Glaubens mit Rücksicht darauf, daß das japanische Recht das materielle Eintragungsprinzip nicht kennt und das Prüfungsrecht des Richters im Vergleich zu Deutschland eingeschränkt hat, enger sein müsse, als es in anderen Staaten anerkannt sei. Man dürfe durch Berücksichtigung des Gedankens der Verkehrssicherheit (im engeren Sinne)[20]) die Rechtssicherheit nicht schutzlos werden lassen, dem Erwerber nicht in allen Fällen in einer Weise zu seinem Rechte verhelfen, die auf Kosten des wahren Rechtsinhabers geht. Deshalb empfehle sich die Einführung des öffentlichen Glaubens nur in denjenigen Fällen, wo ein Zusammenhang zwischen dem Verhalten des wahren Berechtigten und dem unrichtigen Bucheintrag bestehe[21]), nicht aber dort, wo ein solcher Zusammenhang fehlt[22]). Diese Einschränkung wird mit dem Veranlassungsprinzip sowie mit einem Hinweis auf das Mobiliarsachenrecht begründet, wo ebenfalls der Erwerb solcher Sachen, die gegen den Willen des Besitzers aus seinem Besitz gekommen sind (abhanden gekommene Sachen), nicht geschützt wird[23]).

Im deutschen Rollenwesen ist der Mangel eines öffentlichen Glaubens mehrfach Gegenstand der Kritik gewesen, z. B. seitens Seligsohns schon im Jahre 1902[24]). Seligsohn fordert allgemein für die Patentrolle den öffentlichen Registerglauben zugunsten eines redlichen Erwerbers, wenigstens insoweit es sich um entgeltlichen Erwerb handelt.

M. E. ist die Einführung des öffentlichen Glaubens im gesamten Recht der öffentlichen Bücher, die über Privatrechte geführt werden, zu befürworten. Zunächst kommt als Grund in Betracht, daß der höchste Zweck aller öffentlichen Bücher der Schutz des Verkehrs ist; ohne öffentlichen Glauben dienen sie diesem Zwecke nur unvollkommen. Es ist außerdem auch billig, den Erwerber für den

---

[19]) Hogaku Bd. 33 Teil 12 S. 74 ff.

[20]) Vgl. oben S. 1 ff.

[21]) z. B. sich herausstellt, daß das Veräußerungsgeschäft nicht wirksam war.

[22]) z. B. ein Nichtberechtigter auf Grund gefälschter Bewilligung eine Veräußerung herbeiführt.

[23]) D. BGB. § 932, J. BGB. § 192.

[24]) GR. 7. Jahrgang Nr. 2 S. 33 ff.

Erwerb auf die Benutzung des Registers zu verweisen, sein Vertrauen aber auf vorhergehende Eintragungen durch Versagung des Schutzes des öffentlichen Glaubens zu enttäuschen[25]). Zweitens aber entspricht der öffentliche Glaube aller Bücher auch der Entwicklung, die das Privatrecht im allgemeinen nimmt.

Es strebt vom Persönlichen weg zum äußeren Tatbestand, vom Subjektiven zum Objektiven[26]). Diese Tendenz kann man an unzähligen Einzelpunkten verfolgen. Als Beispiele seien nur drei Punkte herausgegriffen. Bei Divergenz von Wille und Erklärung hat das römische Recht[27]) dem inneren Vorgang des Willens entscheidende Bedeutung beigelegt, die Willenserklärung somit für unwirksam erachtet; heute ist es der Rechtsschein, der dafür spricht, daß eine Erklärung, so wie sie abgegeben, auch gemeint ist[28]). Die Erklärung ist nur anfechtbar[29]). Ähnliche Gedanken finden sich bei der Entwicklung des sogenannten Besitzwillens, wo ebenfalls die Richtung vom Subjektiven zum Objektiven eingeschlagen wurde[30]). Ein zweiter Punkt für diese Richtung zeigt sich in dem Drängen aller Rechte vom Personen- zum Vermögensrecht. Das Privatrecht ging geschichtlich vom Personenrecht aus. „Ursprünglich ist alles Recht Personenrecht gewesen" (Sohm)[31]). So hielt man auch die Patentrechte ehemals für Persönlichkeitsrechte[32]). Heute sind sie als Vermögensrechte erkannt. Ebenso liegt es bei den Zeichen- und Firmenrechten, die überdies zur Selbständigkeit und Unabhängigkeit vom Geschäftsbetrieb drängen[33]). In dritter Hinsicht werden schließlich die Schranken der Ausübung subjektiver Privatrechte, insbesondere des Eigentums[34]), mit der Zeit immer zahlreicher. Es ist der Weg vom römischen Individualismus zum deutschrechtlichen Ge-

---

25) Adler, Erörterungen zum Patentregister S. 183/184, Seligsohn, Verkehrsunsicherheit S. 34 ff.

26) Vgl. Meyer, Publizitätsprinzip S. 87. Hozumi, Rechtsphilosophie S. 184 f.

27) Vgl. z. B. Sohm, Inst. § 41, insbesondere S. 216, ebenso das französische Recht. Vgl. Zachariä II S. 451 f., Förtsch, Der Code civil S. 157 f.

28) Vgl. Jakobi, Theorie d. Willenserklärungen S. 32 ff.

29) §§ 119 ff. D. BGB.

30) Vgl. Sohm, Inst. § 49, insbesondere S. 272 ff., Förtsch a. a. O. S. 62, Wolff § 4 S. 11 ff., Raape, Besitzerwerb ohne Besitzwillen S. 1 ff.

31) Arch. bürgerl. R. S. 28, 204.

32) Vgl. Osterrieth S. 7/8, mit Anmerkungen.

33) Für die freie, nicht an den Geschäftsbetrieb geknüpfte Übertragung sind starke Bestrebungen, insbesondere auch in Frankreich, Großbritannien, Italien und Schweden im Gange. Vgl. Isay 1929 S. 412.

Ebenso drängt das Zeichenrecht in Japan zur Selbständigkeit entsprechend der Entwicklung, die beim Firmenrecht schon zur Loslösung vom Geschäftsbetrieb geführt hat (s. oben S. 107 Anm. 119). Fujie, Zeichen S. 72.

34) Vgl. Wolff, Reichsverfassung und Eigentum S. 11.

meinschaftsgedanken[35]), der mißbräuchliche Rechtsausübung und unlautere Handlungen[36]) immer mehr zum Schutze der Gesamtheit zurückdrängt.

Zusammenfassend[37]) kann man sagen, daß die Entwicklung von der subjektiven Auffassung der Rechte zur Anerkennung des äußeren Tatbestandes, von dem individualistischen Schutze aller Rechte zu ihrer Einschränkung im Interesse der Allgemeinheit und des Verkehrs führt. Das Vertrauen auf den Rechtsschein wird mit der Zeit von der Rechtsordnung stärker geschützt als das subjektive Recht des Rechtsinhabers. Unter dieser Richtung kann man auch die Schaffung eines öffentlichen Glaubens für alle öffentlichen Bücher betrachten.

Außerdem spricht ein dritter Grund für die Einführung eines öffentlichen Glaubens. Er liegt darin, daß der Rechtssatz, niemand könne mehr Recht übertragen als er selbst hat, als zeitgemäß nicht mehr anerkannt werden kann. Die neueren Gesetzgebungen mehrerer Staaten haben das System des öffentlichen Glaubens wenigstens im Grundbuchrecht eingeführt, soweit es noch nicht bestand, so z. B. die Schweiz 1907[38]), England 1925[39]) und Dänemark 1926[40]). Für Deutschland, das den Satz nemo plus iuris usw. im Interesse des Verkehrs bereits im Mobiliar- wie im Immobiliarsachenrecht durchbrochen hat, dürfte die Einführung des öffentlichen Glaubens der Rollen des Industrierechts nur noch ein weiterer Schritt sein. Auch für die gegenwärtigen Verhältnisse Japans, das den gutgläubigen Erwerb im Mobiliarrecht bereits kennt, dürfte sich ihre Einführung im Grundbuch- wie im Industrierecht empfehlen.

---

35) Haff S. 106 ff.

36) Vgl. oben S. 104 ff.

37) Im einzelnen kann hier auf diese Entwicklung nicht eingegangen werden.

38) § 973 ZG.

39) Land Registration Act 1925 S. 33. Vgl. Curti, Englands Privat- und Handelsrecht I S. 174.

40) Gesetz Nr. 111 vom 31. März 1926 betr. gerichtliche Kundmachung in „Auslandsrecht". Jahrg. 7 S. 271 ff.

Schlußbetrachtung.

Hält man noch einmal Grundbuch und Rollen im deutschen und japanischen Recht zusammen, so ergibt sich folgender Überblick:

Das deutsche Grundbuch ist gesetzgeberisch in vollkommener Weise geregelt, sowohl was die Verfassung, als was die Wirkung betrifft. Es kann den Registern aller Länder zum Vorbild dienen. Das japanische Grundbuch steht ihm zurück, besonders in der Regel seiner materiellen Wirkungen, wie wir im einzelnen gesehen haben. Es fehlt ihm vor allem die konstitutive Wirkung der Eintragungen und der öffentliche Glaube.

Die deutschen Rollen haben eine sehr uneinheitliche Regelung erfahren, ihre Wirkung, besonders in materieller Hinsicht, ist nur eine schwache und genügt dem Bedürfnis des Verkehrs nicht, während die Regelung der Wirkung in formaler Hinsicht (Öffentlichkeit) befriedigt und sogar in dieser Beziehung über das Grundbuch hinausgeht. Die japanischen Rollen sind alle einheitlich geregelt, sowohl in der Verfassung, wie in den Wirkungen. Zum Unterschied von Deutschland sind in Japan alle Rollen (auch das Musterregister) beim Patentamt zentralisiert. Auch sind die beschränkten Rechte an den Immaterialgüterrechten eintragungsfähig. Ein materielles Prüfungsrecht findet ferner bei der Einschreibung in alle Rollen statt. Die formale Wirkung bleibt, wie in Deutschland, weniger hinter den Bedürfnissen des Verkehrs zurück wie die materielle. Die materielle ist in Japan stärker als in Deutschland, insbesondere in Fällen der Einschreibung, wo in Deutschland lediglich bei der Zeichenrolle die allen japanischen Einschreibungen innewohnende konstitutive Wirkung erreicht wird. Aber auch in Fällen der Umschreibung und Löschung ist die Wirkung des japanischen Rechts etwas stärker als die des deutschen, insofern erst die Eintragung die Möglichkeit bietet, die Rechtsänderung Dritten entgegenzusetzen. Im ganzen aber bleibt die materielle Wirkung der Rollen auch in Japan hinter den Erfordernissen des Verkehrs zurück, denn es fehlt ihnen der öffentliche Glaube.

Die Regelung des Rollenwesens ist in Japan in engem Anschluß an die des Grundbuchrechts erfolgt, aber über diese hinausgegangen, indem in gewissem Grade materielle Wirkungen anerkannt worden sind, während Deutschland hierbei eigene und bei den einzelnen Rollen wieder verschiedene Wege ging, bei denen die Wirkungen der Eintragung durchweg sehr schwach blieben. So kommt es, daß ein für alle Rollen Deutschlands einheitlicher Gedanke, wie er für das Grundbuch aus der historischen Entwicklung heraus in der Gewere gefunden wurde, nicht zu erkennen ist. Dies erklärt sich daraus, daß die Rollen von Deutschland aus anderen Ländern rezipiert sind.

Die Entwicklung, die das Grundbuch und die Rollen nehmen müssen, ist die, das Publizitätsprinzip mehr und mehr zu vervollkommnen. Dieses Ziel ist im deutschen Grundbuch bereits erreicht, das japanische Grundbuch ist ihm noch sehr fern. Bei Schaffung des Patentgesetzes ist man leider bei dem ersten Schritt des Publizitätsprinzips, der Herstellung der Öffentlichkeit des Registers, stehen geblieben, und auch bei den Registern der anderen Immaterialgüter ist man nicht weiter gekommen. Auf diesem Stande stehen die Gesetzgebungen Deutschlands und Japans noch heute, obwohl eine Einführung des Schutzes Gutgläubiger, auf das Register Vertrauender, m. a. W. des öffentlichen Registerglaubens, für das moderne Verkehrsleben immer dringender zu wünschen ist. Denn der höchste Zweck der öffentlichen Bücher, die über Privatrechte geführt werden, ist der Schutz des Verkehrs.

FSC
www.fsc.org
MIX
Papier | Fördert gute Waldnutzung
FSC® C083411

Kolibri 360 GmbH
Ferdinand-Jühlke-Straße 7
99095 Erfurt, Deutschland
produktsicherheit@kolibri360.de